関大徹　昭和50年(1975)年　紫恩衣を纏う

人は大きく、己は小さく、腹立てず、心は丸く、気は長く

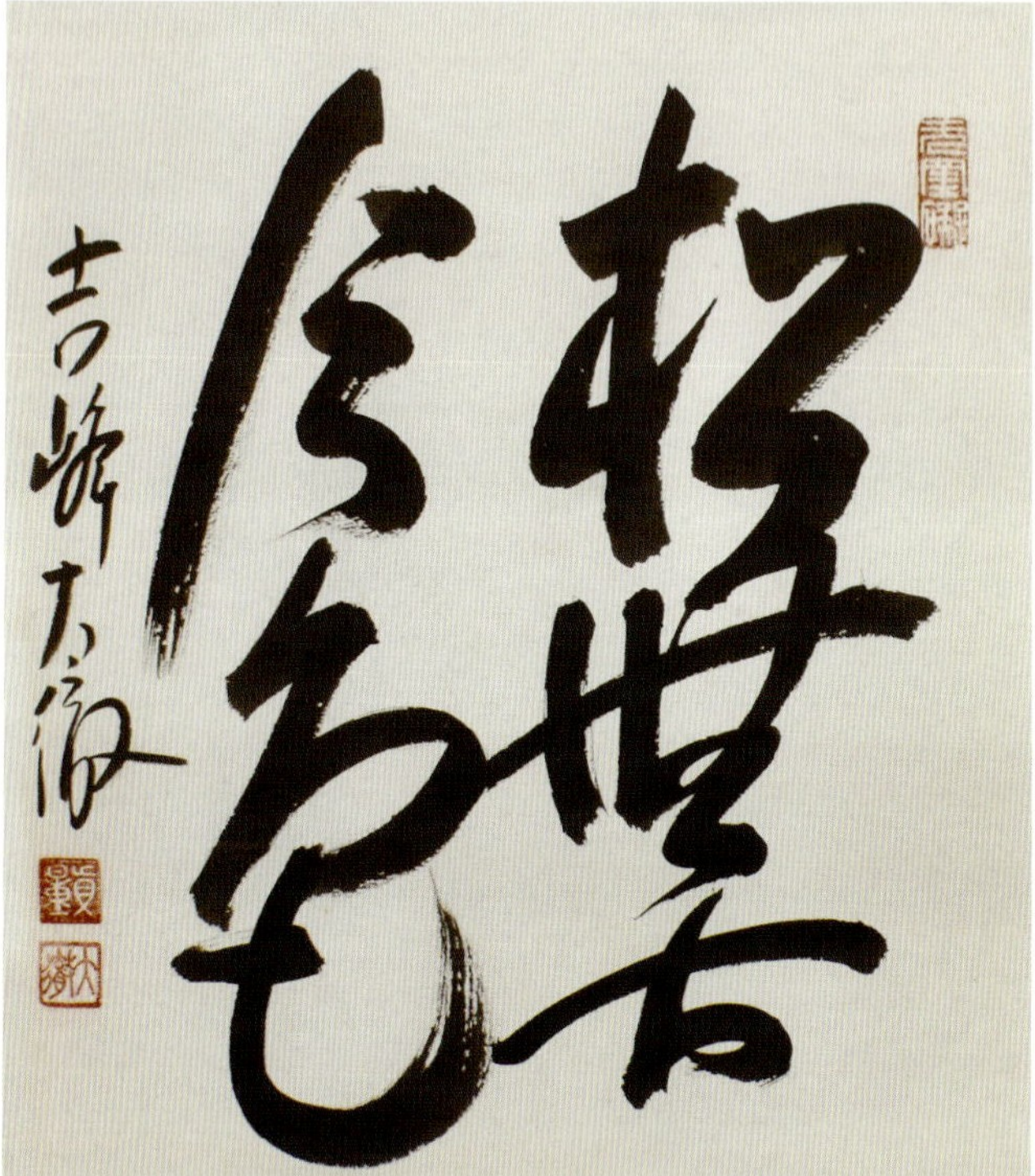

松無古今色（関大徹書）

食えなんだら食うな
今こそ禅を生活に生かせ
関大徹

大本山永平寺貫首　秦慧玉禅師　推薦

鉄漢牛公親《ミズ》カラ手ヲトッテ栽《ヤシナ》ウ　仏心古仏別伝ノ梅
清クシテ誇ル無ク香《カンバ》シウシテ動クナシ　乍《タチマ》チ春容ヲ作《ナ》シテ特地開ク

〈意　訳〉

父祖代々より伝えられた古梅を、大徹禅師の恩師頑牛師が精魂こめて自ら育てた如く禅師は師より多年の行道修錬を享け、清素にして傲りなき不動の境地に達せられた。そして、春の訪れとともに、その清冽な姿をひらく梅のように、いま、好著を世に刊行し、仏教精神を当代に結晶されたのである。

食えなんだら食うな＊目次

■

食えなんだら食うな

食えなくなったら死ぬまでよ

ことし、七十五歳になる。ムカシ人間である。いや、ムカシ坊さんといったほうがいいかもしれぬ。

人から見ると、どうも化石のような生き方をしているらしい。面とむかって、そのような顔をされる。それも普通の人ならいい。同じ仲間の坊さんにまで、そういう応対を受ける。実際に、口に出して、いまどき珍しいといって、チョンマゲを結った化け物が出てきたような目付きをされる。

珍しい、といっても、別段、アッと人を驚かすような仕事をしているわけではない。縁あって禅僧として出家し、平凡に禅僧として生きてきただけのことである。

当然のことながら、妻はない。妻はないから、子もない。ついでにいえば、酒もタバコもたしなまず、食生活はずっと精進料理だから、菜食である。

なんのことはない。菜っ葉にたかった青虫みたいなもので、私自身もそのようなものだと心得ている。それが驚天動地の珍事となるらしいから驚きである。どうやら、私の知らぬ間に天地がひっくりかえってしまったらしい。

猫がネズミを食うのが普通ではなくて、ネズミが猫をとって食う時代になったらしい。そうではないか。坊さんとして当り前の行儀を守ってきただけの私が、骨董品のように好奇の目で見られる。このまぶしさは、尋常ではない。

最近まで厄介になっていた福井県の吉峰寺に、若い修行僧がやってきた。大学を出た頭のいい青年で、頭がいいだけでなく、青年らしい悩みももっていた。悩んでいる、といった。それがどうも、悩みとは「兼職」についてであるという。兼職という、なんとも忙しげな言葉が、いつ頃からできたかは知らんが、どうも、坊さんの世界だけのものらしい。

職を兼ねる、つまり、坊さんが、坊さん以外の職につくのである。なんのために、と問うてやるのは、坊さんに酷というものであろう。坊さんが、坊さんの仕事だけでは食えないからである。それで、お寺に住まいして、必要最低のお寺の生活を維持しながら、別に勤務に就き、一定の収入を得る。それによって、坊さんおよび坊さん一家の生活を支える。貧乏寺では、この形が普通になっている、と聞いている。

青年もまた、貧乏寺の出身で、貧乏寺を継ぐものとして、兼職をしなければならないことになる。それについて悩んでいるという。

この悩み、大いに結構である。すくなくとも、猫がネズミを食って普通という認識をまだ抱えている僧侶に出会ったような気がした。私は、「兼職などという厭らしい誘惑に負けるな」と激励してやった。「だって」と青年は、言葉をかえした。兼職しなければ、食っていけない寺なんです――。

それでいいではないか。食えなければ食わねば宜しい。

いったい、高祖禅師（道元）いらい、お寺へ入ったら食える保証など、どこにもあったためしはない。お寺で食えるというのが間違っているのであって、お寺は食う処ではない。

もったいないことに、自分の修行に夢中になっているために、お百姓さんのように一粒の米も生産することができないから、行乞《ぎょうこつ》に出て、すみませんといって、一握りの米をタダで頂戴して、生き永らえさしてもらっている。

自分は僧侶として好きなことをやっているのだから、一握りの米も頂けなくなったら、誰を恨むでもない。そのときは、心静かに飢え死にすればいい。高祖いらい、みんなその覚悟でこられたからこそ、こんにちの禅門があり、禅僧といわれる人は、その祖風をしたって仏門に入ったはずである。

青年は沈黙した。いくら世情に鈍な私でも、それから先の科白《せりふ》はわからぬでもなかったが、沈黙したから、こちらも知らん顔をしてやった。たぶん、自分だけならいい、といいたかったのであろう。そんな顔をしていた。

自分だけならそれでいいが、この先、きちんとした寺院生活をしていく上で、妻もめとらねばならず、すると自然、子も出来る。それを、養うてゆかねばならぬのである。自分だけなら食えなんだら食わなくて済むが、妻子を飢えさすわけにはいかない――。

なんということだ。

どの先徳が、そのようなことを仰せられた。禅僧が禅僧としての修行を全うするために、妻の協力が必要であると説かれたか。本来、禅をやるものには、妻子は養えぬのである。仏道修行が女性《にょしょう》を近づけぬのは、単なる性欲の問題だけでなく、そういう普通一般の日常という荷物が、重すぎるという理由もあると私は思う。

禅だけではない。自分で自分の好きな道に熱中するものは、まず妻子というものを斥けてかかったほうが無難であろう。好きなこともやりたい、妻子も食わせねばならぬというのは、それこそ二足のワラジであり、どだいムシの良すぎる注文である。

わが身一つ、いつ野垂れ死にしても満足という覚悟でなければ、それは、脇目もふらず自分の選んだ道を歩んでいるとはいえず、裏返していえば、妻子を養うということは、それほど値打ちがあるということになる。すくなくとも、男たるもの、男の一途さを放棄せねば、妻はめとれぬ。子は設けられぬ。

私はさいわい、私の一途さにしたがって妻帯せずに来たが、その故に家庭という大きなお荷物からは解放された。このお荷物ゆえに、不本意に妥協したり、卑屈になったり、あるいは、そのために味わわされるであろう私の想像を絶するような断腸の思いからも解放された。思えば家庭をかかえ、日常をかかえている世の男性諸君は、私の修行にまさるともおとらぬ苦行をしておられるのかもしれぬ。いや、そうであろう。

生き様だけではない。死に様だってそうだ。独り身の私は、死期が来れば、自分の死期だけを見物しておればよい。後に心残りはない。実にさっぱりしたものである。

それにひきかえ、家庭の主たる身は、死期も来ぬ前から、死ぬ事を心配して御座る。食べたい美食も我慢し、したい贅沢も辛抱して、ひたすら蓄財貯金に励むのは、みんな「もしものことがあったら……」という不安のためであり、その上、健康管理にあけくれ、あげくは、生命保険などという極め付けまである。

なんのことはない。妻子のために死ぬこともままならぬのである。まさに憂き世である。

悪いことはいわない。まだ、妻帯の決心のつかぬ男性諸君は、この事の重大さに思いを馳せてほしい。家庭という重荷を背負うか、わが身一つの身軽さでゆくか、選択できる間に選択しておくことだ。

私は後者を選んだ。食えなんだら食うなとは、わが禅の古徳たちが口を酸っぱくして、いってこられたことだが、これは決して、痩《や》せ我慢でもなんでもないということがわかったのが、その選択のこたえである。

食えなんだら飢えるのであり、飢えれば、死ぬまでである。実に軽がると、生きてこられた。

饅頭につられて禅門に入った私

といっても、私が仏門に入った動機といえば、なにを隠そう、美食への憧れだったから皮肉なものである。美食といっても、ご大層な料理ではない。饅頭《まんじゅう》である。アンコの入った、甘い甘い饅頭である。

福井県の田舎で育った私は、幼時から、饅頭ほどの美味は、世界にない、と思っていた。なんのことはない。めったに口に入らないからである。そんな私の急所を心得ていた人物がいてそれが私の急所をくすぐって、だまし討ちみたいにお寺に連れ込んで、くるくると頭をまるめてしまった。

その人の名を、関頑牛《がんぎゅう》といった。私の叔父であり、最初の師匠である。ついでにいえば、私の父は十三人兄弟の長男で、頑牛は、末弟だった。昔は、「兄貴は大黒柱、弟は便所柱」という扱いで、そういう家庭の雰囲気から、いつも出ていけよがしにいいつづけられて、はみ出したような格好で九歳で出家したのが頑牛だった。その頑牛が、やはり便所柱組の私をそそのかした。

寺に入れば饅頭が腹いっぱい食えるぞ――。叔父は当時、剣道四段、柔道二段で、僧侶というより武人に近い風貌の男だったから、武士に二言はあるまいと、のこのことついていったのが運の尽きだった。それが、私の人生を決めることになった。私は、十三歳だった。

当時、頑牛は、福井県大野の禅師峰寺に所属し、曹洞宗大学（現・駒沢大学）の学生だった。私の生家は、その寺から、四十キロほどはなれた、越前岬に近い丹生《にう》郡織田という片田舎である。夏休みになるとお寺へ帰り、ついでに生家へも足を運んでいたから、かなり前から、私を道連れにしようと狙っていたらしい。饅頭という餌で釣るのも作戦のうちだったのだろう。

だから、最初の一言で、饅頭といっただけでもう生唾を嚥《の》んだ私を見て、心中、しめしめと思ったであろうし、心変わりせぬうちに、とせきたてるようにしてお寺へ連れ込んだのも、自《じ》家薬籠中《かやくろうちゅう》のものだったにちがいない。

すくなくとも私は、饅頭という世界一の珍味に代表されるお寺の食生活に、バラ色の幻想を抱いたのは、事実だった。大正四年八月十日、私は、師・関頑牛について、禅師峰寺で得度した。

それが、どうだ。お寺へ着くなり食わされたのは、ひどい麦粥で、その翌る朝も粥《かゆ》、昼食も夕食も粥。朝から晩まで粥ばっかり。お目当ての饅頭なんて、カケラも出てこない。さもしい話だが、底に貼りつけた、まるい竹の皮さえ落ちていないのである。

たまりかねて、師匠である頑牛にたずねた。いったい饅頭はいつ食わしてくれるのか、と。そのこたえがふるっている。饅頭が食いたかったら、せいぜい修行せよ。修行して偉い坊さんになったら、饅頭なんかいつでも食える――。

その通りであろう。その通りであるという点において、彼は、私を騙したことにはならない。が、いまにも食えるようにいったその口吻《こうふん》は、犯罪的であり、饅頭が食えぬという絶望感よりも、この犯罪的な叔父に腹が立った。まんまとだまされた形の、私のうかつさが口惜しかった。

十日目だったか。私は、寺を脱走した。四十キロの道のりを歩いて、生家へ帰った。

人は、その人生において、実にいろんな言葉に出会う。条理をつくして言葉を重ねることもあれば、たった一言が、人生を決定させることもある。私の場合、このときの父親の言葉の意外性が、そうだった。

私の姿を見て、母は喜んでくれた。父も喜んでくれるものと、思っていた。ところが、こわい顔をして、「何をしにきた」と、こうだ。「ここは、おまえの家ではない」ともいった。「お前の住む処は、お寺以外にはない。すぐ戻れ」といった。

戻れといわれても、もう夜である。夜であることが、父の姿勢のきびしさを物語っていた。結局、母のとりなしで、一晩だけは、生家に泊まることができたが、なつかしい床に入ってもなぜか、わが家に帰っているという安心感がなかった。私は、ここにいるべきではない。寺に戻らなければならぬ。

しかし、十三歳の少年から饅頭という幻想が消えたのが、たしかにこのときだったかどうかは記憶にない。あるいはそうだったかもしれないし、饅頭がたらふく食える身分に接近しようと、いっそう自分を励ます気分になったのかもしれない。なにしろ、六十年もまえの話である。

お寺には、七、八人の小僧がいた。この小僧たちを指導する坊さんが一人で、これが、なかなか口やかましかった。私は、小学校の五年生だったが、朝、托鉢《たくはつ》をすましてからでないと学校に行けない。しらじら明けには床をたたんで、四キロも、もっと遠い大野市まで、行乞《ぎょうこつ》に行く。往復、八キロにも十キロにもなる。

帰ってきて、托鉢してきた米で粥をたき、塩を入れて食い、残りを、ブリキの茶筒に詰めて弁当として、学校へもって行く。だから、登校はいつも昼近い十一時頃になったが、この経験は、大いに鍛えてくれた。

食えなんだら食うな、という厳しさを、身をもって体験したのである。

托鉢に回っても、米を喜捨してくれる人がいなかったら、鉄鉢に米が埋まるまで、回らねばならない。それでも、恵んでくれる人がなかったら、手ぶらで帰るよりほかはなく、手ぶらで帰ると、朝の粥にありつけず、昼弁当の粥もない。

得度して、入寺したのは夏だったから良かったが、寒中はこたえた。素足にワラジ履きだから、足はひびが割れて、血が噴き出す。雪の中に、点々と、血の跡を落としていった。それでも、食わんがためには、歩かねばならないのである。托鉢だけでなく、柴とりも、食うという営みにつながっている。私は、少年期に、食えねば食わぬという禅の清規《しんぎ》を、体の中に叩き込まれた。

余談になるが、こんな笑い話を聞いた。

学校の先生が、野菜はどこでとれるかとたずねたら、八百屋にあるという答えが、大マジメにかえってきたそうである。笑い話だが、これは、笑いごとではすまされない。そう答えているのが、なるほど、小さな幼児の口を通してであるけれども、実際に、そういわしめているのは、都会のお母さんの認識にほかならないからである。

野菜を八百屋の店頭でとれるような暮らしのこわさである。この人たちに「食えなんだら食うな」といったら、おそらく気絶してしまうか、ちょっと頭の回転の早い人で、貧窮という状況を空想するであろう。

いっておくが、「食えなんだら食うな」とは、「買えなんだら買うな」の意ではない。食えなんだら、食うな、という言葉には、本来、食うことのできない、おのれが……という傷みがある。懺悔《ざんげ》がある。禅僧は、乞食《こつじき》に頼っている。本来、一粒の米も生産できないのである。それが、お恵みを得て、食えるべきでない身が、食わしていただいている。その実感を、小僧の時分から、叩き込まれるのである。

ところが、世のお母さんがたには、この実感が、どうもないらしい。直接、生産にたずさわってない身が、食える道理のない自身が、と考えてみたことがあるか。

ゼニがあるから食えると思ったら大間違いで、ゼニはあっても、代用食さえままならぬという戦中から戦後の、あの悲惨な時代を体験して、まだ、三十年にしかならない。もし仮に、再びあの暗黒時代が到来すれば、都会という都会には、発狂した若い母親たちで満ちあふれるであろう。

日々、無事食わしてもらっている有難さを思い知るべきである。

娑婆では死ぬこともままならぬ

もちろん、禅門に入った身とはいえ、行乞だけの生活に終始したわけではない。ゼニがなければ、その日も、食ってゆけぬという生活も味わわしてもらった。中学時代である。中学は、名古屋の曹洞宗第二中学（現・愛知中学）に進んだ。ところが、進学と同時に師の頑牛が、修行に出るという。行先は、鬼僧堂で知られた、美濃（岐阜県）の正眼《しょうげん》僧堂である。

さあ困った。

困った理由は、二つある。師匠の問題と、学資という現実問題である。頑牛は、頑牛自身が正眼僧堂に師事するのだから、もはや人の師ではない。だから、誰かほかに師匠をみつけて、弟子に行くがいい、という。

この場面、弟子に行くとは、一切の、つまり、私の中学進学後の学費まで含めた面倒を見てくれる人を意味する。進学はすでに決まり、切羽つまった状況にある。とても、学資まる抱えの師匠など、右から左に見つかるわけはない。私は困惑した。困惑しながら、そういう師の真意の在りかが、おぼろげながらわかるような気がした。

正眼僧堂へ掛塔《けとう》するということは、きのうやきょうの決心ではあるまい。とすれば、師は、私の義務教育の修了を待っていたということになる。それを待って、私の進学を見とどけた上で、さあどうするか、という決断を私にせまったのであろう。もっときつくいえば、私を捨て猫のように放り出す時期を、ひそかに狙っていたのであろう。

私は決意した。すくなくとも、金銭的な面で師匠にたよらぬ覚悟でいこうと決めた。当時、働きながら学ぶ学生を「苦学生」といった。きわめて、稀ではあったが、そういう若者もいるにはいたのである。つまり、人のやっていることであった。

人もやっていることを、自分がやれぬはずはない。人のやっていることをやれないで、なんで、禅の修行ができるか、というのが、十代の少年の、少年らしい昂然たる思いであった。

さいわい実家から、毎月十円の学資を送ってくれることになった。その上、思いもかけぬことに、師匠の頑牛からも、二円の送金を約束してくれた。金額はわずかだが、一介の修行僧の懐から、しぼり出すようにしてあたえてくれるお金である。それこそ、血のにじむような思いで、捻出してくれたのであろう。

大正七、八年頃だから、二十円もあれば、どうにか生活してゆける。あと八円である。しかし、その八円が辛かった。賃金は安くて、とても八円の不足を埋めることはできなかったが、住み込みの仕事にありつくことにした。八百屋の丁稚になった。新聞配達もした。それで、なんとかやっていける筈だったが、肝腎の実家からの送金が途絶えることが、しばしばあった。

学用品や身のまわりを調えるのにも不自由した。当時、黒グツといって、訓練の時間には、このゴム製の靴を履くように定められていた。その黒グツを新調する金がなかった。仕方がなく、普段靴の上に、黒ズミを塗って誤魔化していたが、それが露見して、ひどく叱られたことがある。

たとい賃金が安くてもいい。住込みの仕事にありつけている間は、安泰だった。食う心配がないからである。

けれども、そういう丁稚仕事は、仕事の要領や能力よりも、長時間の持続ということが要求される。自然、学業と併立させることは、きわめてむつかしい。何度か仕事を変えた。仕事を変えるということは、住まいが変わるということである。その間、宙ぶらりんの時期があった。

「三界に家なし」である。

正直いって、不安だった。飢餓の恐怖にさらされた。無理もない。禅師峰寺の体験は「食えなんだら食うな」という禅の清規の実践にほかならなかったのだが、実際に食いっぱぐれることはなかった。たとい三度三度、麦の粥でも、食事にありつけた。朝早くから托鉢をして歩けば、なにがしかの喜捨を得た。

ところが、一介の中学生となって、都会へ放り出されてみると、お寺という逃げ場所もないのである。懐に一銭の銭もなくなれば、野良犬のように、街角のゴミ箱を漁るほかはない。事実、私は、野良犬のように深夜の町をうろつきまわる、自分を想像したものであった。

その気にさえなれば、野良犬にも豚にもなれるであろう。けれども、野良犬では、中学へは通わせてくれないのである。学業のために、名古屋へ出てきているという目的は、失われるのである。

食えさえすればいい、と人は事もなげにいう。この場合、さえというのは僭上《せんじょう》であろう。人が野良犬でないかぎり、何かの目的をもって往来を歩いているかぎり、この目的意識と、ものを食うという現実課題を接合させるのは、容易でないはずで、私にかぎっていえば、中学の苦学生時代に、身にしみてわからせてもらった。

実際、食うということは、大変なのである。大変だとわかっただけでも、中学時代の収穫であった。お寺のほうが、まだありがたいのである。お寺なら、食えなくて餓死すれば本望といえるが、中学生が餓死すれば悲惨である。まったく娑婆は、飢え死にすることもままならぬのである。

私の確かな進路は、この飢餓時代に決まったといっていい。私は、大威張りで飢え死に出来る道を選ぼうと思った。あるいは、甘えだといわれれば、甘えかもしれない。お寺に入れば、なんとかなるという甘えがあったかもしれない。いってみれば、それだけ、この飢餓時代の恐怖がこたえたのであったが、しかし私にしてみれば、それだけの代償は払ったつもりでいた。

つまり、この時期に、漠然とではあったが、一生を修行僧として送るという決意のまえに、棄てるべきものを用意しておいたのである。妻帯はせぬ、ということであった。本格的な修行に入ったのをきっかけに、生臭《なまぐさ》は絶とうという決心であった。それから、酒もタバコも、それは絶つというより、これからも経験しないでゆこうというのであった。

中学は、途中で病気して、二年遅れた。もともと入学が遅かったから、はたちをとうに越えていた。少年の夢ではなく、おとなの決心だった。卒業をまえにして、師の頑牛をたずねた。

名古屋と岐阜の正眼僧堂は、さほど、遠い距離ではない。

頑牛は、精気の溢れた顔をしていた。幼年期から少年期にかけての私の知っている頑牛は、武人的な精悍そのものであったが、その精悍さに、内面的な磨きがかかっているのが、わかった。鬼僧堂の修行が禅僧としての完成へ、大きく前進したのであろう。

「師範学校にすすむか」

と頑牛はいった。師にとっては、私に、学業を続けさせてやりたいという気もあったのであろう。しかし、それ以上に学資の出所がない。そこで、授業料の要らない、「師範」という道を提示したのであろう。

ついでにいえば、当時の師範は、中学過程から入る普通過程と、中学を卒業してから入る「二部」と「高等師範」があり、いまでいえば、教育大学に相当する。師範を出れば教師への道があり、当然のことながら、教師になれば食いっぱぐれはなく、教師になったからといって坊さんをやめる必要もなく、適当に二足のワラジを履けるような寺を探せばいいのである。事実、その頃から、わが禅門にもそういう気分が見られぬでもなかった。

それは、寺門経営という点からいえば、たしかに安全な道である。しかし、その安全が、禅門興隆にどれほど益するかといえば、否定的ならざるを得ない。やはり、禅者は、食えなんだら食うなという緊張関係に日々を置いていてこその禅者であり、莞爾《かんじ》として野垂れ死にできる世界でなければならない。

私は、首を振った。私が首を振ったとき、私の人生は決まった。首を振った私を、師の頑牛は、満足そうに見詰めていた。

蟬に禅の何たるかを教えられる

大正十四年夏、私は福井県小浜にある発心寺《ほっしんじ》の門を叩いた。この僧堂の原田祖岳老師につくがよい、と師・頑牛がすすめ、一切の手配をととのえてくれたからである。

夏といえば、不思議な因縁だった。十年前、叔父・頑牛につれられて禅師峰寺へやってきたのも、夏の暑いさかりだった。饅頭が食いたさに、のこのことついてきた少年が、ほとんどだまし討ちみたいにして頭をまるめられて、ちょうど十年して、今度は、本格的な禅の修行に入るのである。

なるほど、そのとき禅師峰寺で得度しているから、すでに私は禅僧の仲間入りしていたことには間違いなかったが、それはまだ小僧の体験にしかすぎず、禅も真似事にしかすぎず、したがって禅僧としては、まだまだ序の口であった。

まず、規定どおり、一週間、旦過寮《たんがりょう》に詰めた。はじめての一人前の雲水としての扱いであり入門の儀式といえた。

しかし、儀式というには、これはかなりきついつとめである。一日中、坐っている。用便のとき以外、立つことを許されない、粗末な食事も、運ばれてきたものを作法どおりにいただくと、ただちに坐禅三昧に入る。

もちろん、私一人である。私一人で、まるで無限のように感じられる時間との格闘が始まった。

蟬が啼いていた。日中、お寺の木立ちにつかまった短命な生き物は、騒がしく啼きつづけていた。

騒然と啼いている、と最初は聴いた。それが、実は、一定の気息のようなものがあり、それは大自然の気息と一体になっているといってもよく、一つに融けあった世界だと知って、私は私の気息もその蟬の無心に移しかえようとしたようである。この一週間、私にとって、蟬は師であり、仏であり、そして、私自身が蟬になった。

夜間も坐禅はつづく。意識が朦朧《もうろう》としている。そういうとき、不意に、蟬が啼いた。蟬の周辺で自然の気息をかきまわすような、何かの異変が起こったのであろう。蟬が叫び、蟬の叫びは、朦朧とした私をよび醒ました。蟬のおどろきが、私のおどろきになった。私は、蟬になっていた。

この旦過寮の坐禅は、私にとって大きな収穫だった。秋の訪れとともに、蟬時雨は熄《や》んだ。その生命を完了したのであろう。だが、私の仏になり、私の師になった彼等は、私の中に一つの生命を残した。

以来、禅に入るとき、私は、蟬の声を求めるようになった。蟬の声が聴こえ、蟬の気息と一つになったとき、私は禅三昧に入っていた。

旦過寮を終えて、正式に入門を許された私は、雲水としての生活が始まった。坐禅、作務《さむ》、勤行《ごんぎょう》といった日課の中に私を埋没していくのである。そういう日常のなかに、毎月一回、一週間の「接心《せっしん》」に入る。旦過寮と同じ、坐禅三昧である。

このときは、原田祖岳老師じきじきの指導があるが、私の「蟬坐禅」には、感じるところがあったのだろう。はじめての見性（悟り）は、意外に近いであろうことをいわれた。

その通りになった。十二月一日から八日の払暁《ふつぎょう》まで、釈尊が成道された故事にならって坐禅をする臘八接心で、私は初関（はじめての見性）を得た。

見性が、いかなる内容であったかという点については、誰でもそうだと思うが、筆舌にあらわし難い。たとえば、「拈華微笑《ねんげみしょう》」という言葉がある。禅では、禅の起源といってもよく、あるいは禅の本質をいい当てているといってもいい有名な言葉である。

釈尊がある日、大衆のなかで、コンパラゲの花をひねって見せられた。誰もその意味がわからない。そのとき、ひとり、迦葉尊者《かしようそんじゃ》がニッコリ笑ったので、釈尊は、迦葉ひとり我が意を得たりといい、迦葉に教説を付託したという。拈華微笑――話は、それだけである。

つまり、以心伝心、釈尊と迦葉尊者だけに、わかった世界なのであり、他の容喙を許さぬ世界であり、私の場合も、曰《いわ》く言い難しというほかはない。強いていうなら、それは、私の「蟬坐禅」の果てにたどり着いた、一種の宗教的恍惚かも知れず、恍惚といってしまったのでは、身も蓋もないが、やはり恍惚としかいいようのない世界であった。

とにかく、私は一つの世界を得た。それは、解放感といってもよかった。伸びやかな気分だった。自由とは、これかと思った。

当時、そういう気風があふれていた。いまでいう大正デモクラシーである。人はそれを、努力して摑むべきものと心得ていたようだ。ところが、どうだ。人間、本来、自由なのである。誰も、自分を縛りつけているものはいないのである。縛りつけているものがあるとすれば、それは自分自身かもしれず、自分で自分を閉じこめているのである。そうではないか。

私の場合でいえば、私は、それよりほんのすこし前の学生時代において、何度か野良犬になりかけ、なり損った。なり損わしめたのは、私をして「学生」たらしめねばならぬという、自己規定であり、自己を学生らしく振舞わせようという自縛作用であった。

空腹のために、ゴミ箱をあさってもいいではないか。そのために、放校処分になったのなら学校という世界の狭量をこそ、責めるべきであろう。

なぜならば、関大徹は、中学生である以前に人間であり、飢えたる人間が、けなげにも秩序にさかおうともせずに、自分の生存のために、せい一ぱいの努力をした結果が、野良犬になることであったのだから。

私はこのとき、「食えなんだら食うな」という禅の清規を、私流に展開させて、「食えなくても食える」という心境に至ったのであり、その心境は、いまも変わらない。

私は欣喜雀躍《きんきじゃくやく》として、野良犬になれる自分を知った。しかも、その野良犬は、釈尊の禅境にも迫れるのである。なんということであろう。なんという自由であろう。野良犬から覚者までそのすべては、私自身に、この五尺の小軀に帰納するのである。

その日を境に、私にとって「禅」の意味は変わった。意味というより、禅の肌ざわりといったほうが妥当かも知れない。それまでの禅は、私にとって一般認識と同じく、「苦行」以外のなにものでもなく、自らをその苦に投じることによって、なんらの解決を得ようとした。ところが、解決は、私が求めるまでもなく、すでについているのである。

釈尊と迦葉尊者における「拈花」も、そうであったであろう。釈尊が花を拈らなくても、花には表もあれば裏もあり、たまたま、花を拈るという行為によって、裏と表が見えたという事実認識に過ぎないのではないか。

私は、苦行する必要はないのである。苦行してまで、当たり前の結論に帰結する愚は、ないのである。私は、その日から、坐禅が楽しくてならなくなった。なぜならば、私は、坐ることによって、野良犬から覚者まで、その気の遠くなるほどの内面距離を自由に飛翔できるのであるから……。

発心寺に入って二年目の冬、私は三人の同志をつのって、私たち四人だけで行をやることにした。年号が改まって、大正から昭和になっていた。二月の七日から末までの三週間、無言で行をやろうというのである。

発心寺では、雲水というお寺の雑用をしなければならない立場上、できない企画であった。祖岳老師にそのことを告げると、その間の食糧にといって、米一俵をいただき、福井市内の通安寺を紹介して下さった。炊事を庵主さんにたのんで、朝三時から夜十時まで坐る。それ以後も、坐りたければ坐れば、いいのである。この間、いっさい無言。蝉であった私は、今度はさざえになった。

誰だったか、無言の行について、実際にやってみて、言葉とは、これほどありがたいものであるかと悟った、といっておられた（あるいは書いておられた）が、私の体験からすれば、すこし違うようである。

すくなくとも、私の場合、無言ということに、それほど不自由は感じなかった。むしろ、無言でも、じゅうぶんに「会話」ができることを知った。

むしろ、その会話は、極度に充実したものだったと思う。余計な饒舌が入らないから、簡単に相手の状況なり、意志がつたわる。目と目を交すだけで、つたわるのである。目で、相手がどれほど禅に充足しているかということがわかり、その禅境までわかるような気がした。

私たちは、まったく、さざえになり切っていたのである。わずか三週間という短い期間であったが、私は、また新たな「自由」を得た。

それは、言葉さえ必要としないという自由である。拈華微笑の釈尊と迦葉尊者のあいだで交された「会話」こそ、これではなかったか。

立場かわって身の程を知る

発心寺の僧堂生活は、長くつづかなかった。

三年に満たずに、退山せざるを得なくなった。理由はこちらにある。師の頑牛が、富山の名刹・光厳寺に晋山《しんざん》するにしたがい、私も従うことを命じられたのである。これにはすこしいきさつがあり、光厳寺の渡辺玄宗老師が金沢の大乗寺へ入山されるにともない、後任に、頑牛に白羽の矢が立てられたという。このとき頑牛は、玄宗老師に、条件を出して、「一点の墨もつけぬ白紙でなら」ということで、そっくり譲られたという。

昭和三年四月八日。あたかも釈尊生誕の吉日に、頑牛は光厳寺に晋山した。千人の参列者があり、盛儀だった。しかし、私は、盛儀のなかで、嫌な噂を気にしていた。富山の寺院では、あんな乞食坊主（頑牛のこと）が、この名刹に乗り込んでくるとは何事だといきまき、ひとつ、やっつけてやろうではないか、と手ぐすねひいて待ち受けている、というのである。

僧侶というのは、一面、困ったもので、仲間うちでは、そういうしみったれた根性をむき出しにする。せっかくの見性も、ここでは娑婆以下なのである。その手ぐすねが、晴れの晋山の日、その式典の最中に爆発しないともかぎらない。私は、事が起こりはせぬかと案じていた。

その日は、何事も起こらなかった。なにしろ頑牛は、二十貫という体軀に恵まれた、偉丈夫で、剣道五段、柔道二段という武人であり、天下の鬼僧林・正眼僧堂で、十年も鍛え抜かれたつわものである。その威風に圧倒されたのであろう。

ところが、手ぐすねは、その後ほどなく、徐々に頑牛と頑牛を補佐する私にしめつけの形でやってきた。富山というところは、僧侶がもてはやされるお国柄で、そのせいかどうか、坊さんは概《おおむ》ね、自分ほど偉いものはないと思い込まされてしまうような環境にある。だから、口々に批判しあい、理屈をいい、また、介入してくる。この煩わしさは、半世紀ちかく時間を経たいまでも風化するどころか、思いだしたくないほどである。

たまりかねて、頑牛がいった。

「大徹、出るか」

お互い、行李一つの身ではないか。こんなうるさい処でくさっているより、まだまだ天下はひろい、というのである。私には異存はなかった。野良犬になろう、と思った。私に異存がないことを知ると、頑牛は早速、金沢の大乗寺へ、そのむねを告げた。たったいま、しかと受けとったばかりの名刹を、相手に放りかえそうというのであった。

その夜半だった。十二時をまわっていた。夜中の来訪者があった。渡辺玄宗老師である。頑牛の通告を聞いて、とるものもとりあえず、飛んでこられたのであろう。

説得は、夜明けまで続いた。さすが、玄宗老師であった。我慢せよ、というような世間並みな慰留は一切しなかった。それも、修行のうちだというのである。禅門に在るものは、自分だけ悟って、よしとするのは、いさぎよいけれども、高祖禅師および釈尊に対する冒瀆だというのである。寺はあくまでも娑婆にあり、娑婆の光となってこその寺なのであって、ひとり超然と世を捨ててしまうのは、逃避であり、まやかしであるという。

この説得は、こたえた。野良犬にさえなればよいと安心していた私には、一つの鉄槌だった。禅坊主といえども、世間さまと無縁で生きてゆけないのだぞ——。

その通りである。その通りのことを、いってみれば低次元なものとして、自分の宗教世界さえ磨いてゆけばよいと無意識に思っていた、二十代半ばの修行僧には、これは重大な公案（課題）だった。頑牛も、同じ思いだったのであろう。

最後に、玄宗老師は申された。

「人のこなしぐらいに、へこたれてどうするか」

こなし、つまり、けなしである。

たかだかそれぐらいのことで、せっかくまかされた寺を捨てるとは、心得違いもはなはだしい――。

頑牛も私も、この一喝には、一言もなかった。私たちは、この説得に応じたばかりか、世間さまと無縁では生きておれない、という玄宗老師の公案に対して、私たちのこたえを用意しなければならないと思うようになっていた。

年が明けて、昭和四年。ひどい年だった。アメリカで株式の大暴落がおこり、これをきっかけにして、史上かつてない世界的大恐慌がすすみはじめていた。このあおりを食って、日本でも明治の新国家建設いらいの不景気になり、街には失業者があふれていた。「大学は出たけれど」という映画が大当たりし、それがまた時代のスローガンになったような時期だった。

修行時代、野良犬にもなろうと覚悟した私だが、実際、その野良犬が巷《ちまた》を横行し、食えなくて死ぬ人も出ていた。その時期に、私が名古屋を放浪していたら、おそらく私も、餓死組か、そのギリギリのところへ追いやられていたであろう。

私たちは、こういう時期にこそ、玄宗老師の「公案」にこたえねばならないと思った。恐慌が来ても、不景気風が吹いても、お寺にいるおかげで、三度の食事を二度に減らすということはないのである。もっとも、お寺の食事といえば、光厳寺ほどの名刹になっても、一般家庭の食膳から見れば比較にならない粗食で、これ以上、切りつめようのない食生活だった。

たとえば、朝は粥と梅干、漬物。昼夜は一汁一菜の、いずれも六分か七分の麦粥、麦飯である。精進だから、鰯の一匹も、牛肉の一切れも、食膳にのるわけではない。だから、世間の景気にも影響されずに生きていられるのだが、いずれにしても、世間さまのおかげであることには間違いはなかった。私たちは何も生産しているのではない。にもかかわらず、安閑として、食わしていただいているのである。

何か、しなければならなかった。世間さまに報いねばならなかった。

といっても、一介の禅坊主に、世直しをして、景気の回復をはかるというような芸当はできない。一介の禅坊主でも受け持たせてもらえる場面があるとするならば、それは精神の世界であろう。事実、経済の荒廃だけでなく、人心の荒廃も目を覆うものがあった。こんな時代にこそ、お寺はお役に立たねばならない。ここでは、「社会教化」という言葉は大げさであろう。ただ、お寺がお寺の機能以外に、もう一つ、お役に立つ場をこしらえるだけでも、いいのである。

頑牛の構想は遠大だった。子供をやろう、といった。汚れのない童心を磨くことで、ささやかながら、心の荒廃を食いとめる努力をしてみよう。

相談はまとまった。本堂を解放して、幼稚園を始めることにした。幸い、檀家の協力で、資格をもった先生も専任してくださることになり、園児を募集したところ、三十三人の入園者が集まった。

私たちは三十三観音が揃われたと喜んだものだった。その段階になって困った事態が起きたのである。本堂の転用では、園としての許可をおろすわけにゆかないという。別に建物をもたなければ、正式な幼稚園としての市民権が得られないという。

折からの不況である。寄付を募るといっても、容易ではあるまい。それを頑牛は、だからこそ、やるのだ、といった。不況の波の中でこそ、浄財の意味がある、といった。そして、どうせやるなら、幼稚園だけでなく、もうすこし幅広く活動できる場所にしようといった。

一年で、実現した。最初、頑牛からほとんど思いつきのように、そのプランを聞いたとき、これは大言壮語に終わるのではないか、という不安を抱いた。だが、それを単なる大言壮語に終わらせなかったのは、その翌日からの頑牛の精力的な働きっぷりである。

戦国時代の英雄、織田信長は、戦場にのぞむとき、まず一騎駈けで飛び出したという。頑牛が、それだった。自分から飛びだしていった。私たちもあとを追わざるを得なかった。無我夢中で駈けずり回った。

翌る年「会館」が建ち、園児も二百八十人ほどに増えた。新しい器ができたら、新しい酒を注がねばならない。まず、青年会を組織した。頑牛が陣頭に立って、柔・剣道を教えた。私もすでに剣道有段者であり、発心寺時代から檀家の人を相手に教えていたから、これは、お手のものだった。ついで婦人会を組織し、女子青年会を組織し、檀家の人たちの協力で、茶道や華道の教室をひらいた。

それだけではなかった。光厳寺が、雲水の修行をする専門道場になったのである。

私は、自ら頑牛について修行をする身であるとともに、後進を指導しなければならぬ立場になった。そういう立場に追いやられてみて、身の程というものがわかった。まだまだ、人を指導するほど、修行ができてないのである。まだまだ、私は鍛えられねばならないのである。

三年ばかり、私は懊悩した。私は修行に出たかった。しかし、頑牛を放ったらかしにして、仕事をはじめたばかりの光厳寺を出るわけにもいかず、緒についたばかりの専門道場を抜けることはできなかった。

私は、板ばさみになった。板ばさみになって悩んでいる私を、頑牛は見抜いていたようである。ある日、私を呼んで、

「行くか」

といった。

何処へ、と問いかえすまでもない。頑牛と同じ、伊深の正眼僧堂である。私は、弾かれたように「はい」と答えていた。

それだけだった。私は、いそいで正眼僧堂のことをたずねようとした。なにしろ、正眼寺は臨済宗である。同じ禅でも、私たちの所属する曹洞宗とは、禅風がちがう。その辺のところを聞いておきたかったが、師匠は口をつぐんでしまった。

そうであろう。最初から、僧堂の機微を心得て、そのあたりを要領よく立ち回る優等生ぶりは、世俗では優等生でも、禅では落第生である。

私は、予備知識なしに、正眼僧堂の門を叩いたのであった。

厳しくしごかれた他宗の門

「頼みましょう」

大声で、叫んだ。間をおいて、三度呼んだ。三度目に、

「どうれ」

と応答があり、奥から客行《かあん》（接客係）が現われた。背と胸に覆子《ふくす》（荷物）を振り分けにし、草鞋ばきというでたちの私は、式台に、横向きに腰をおろし、両手をついて、その上に額をくっつけた姿勢のまま、名乗りをあげ、当山で修行をしたい旨を告げた。履歴書と、かつてここで修行しておられた曹洞宗の有名な師家の添書をさしだした。

「当僧堂は、ただいま満衆である。早々に立ち去りなさい」

客行は、そういい捨てて立ち去った。満衆（満員）であるかどうかは、わからない。たとい一人の雲水がいなくても、そういうことになっている。いわば手順である。それが証拠に、一時間ばかりして再び客行が現れ、

「まだ居るのか」

と毒づいた。「おまえのようなものは、勤まるまい」という科白《せりふ》も聞いた。ここまでは、手順のうちである。手続きというものである。ところが、その後の言葉が、私をすくなからず驚かせた。制中《せいちゅう》（一定の修行期間）も始まったいまごろ、のこのこ出てくるのは何事かというのである。その上、到着の時刻も違うし、服装も法の如くではない——。

あとでわかったことだが、制中は、五月一日からであり、私が門を叩いたのは、半月も遅れた十五日だった。それに到着時刻は、早朝とされているのに、私はちょうど八時だった。これ

らのことは、頑牛は、わかっていたのである。一言、教えてくれたらよかったのに、知らん顔をしていたところに頑牛の面目があった。

ついでながら、服装についても、私がそうして横坐りして、両手と額を式台にくっつけたままの姿勢でいるとき、通りがかった雲水がめざとく見つけ、「これはいかん」といって、私の深くからげた衣の両袖と裾をおろして下さったようなことであった。この親切には参った。額をつけた手に、涙がにじんだ。

昼になった。客行が現れて、中食だけはとらせてやるから、済みしだい立ち去るようにと告げ、広い台所の片隅に案内された。私は、持参のお椀と箸をとりだした。

禅にまったく不案内の人のために、ちょっとことわっておかねばならないが、僧堂の生活はなるだけ人手を煩わせないというのが、主題になっている。すべては、この主題に集約されるであろう。だから、食器にしても、食べっ放しで、あとは、台所方に流しで洗ってもらうというような大名暮らしはできない。つねに大小の椀、つまり御飯用とおつゆ用のものを用意し、布帛と箸を添えて、布に包んで携行し、食事をすませたら、その場で、お湯でゆすいで、再び手許にしまっておくのである。

そのときの昼食をおぼえている。麦八分の御飯と切干し大根の味噌汁だった。私は緊張で、ほとんど咽喉を通らなかった。

午後、再び式台で同じ姿勢をとった。ときどき客行が来て嫌味をいっては、奥に消えるという作法も同じである。しかし、そういう姿勢を保持することは、すでに限界に達していた。地上に、蹲踞《そんきょ》して頭を垂れるならいい。草履虫のように、ただ、まるくなればいい。人間の骨格と関節は、そのようになっており、これならば耐えられるであろう。しかし横坐りの姿勢で、まるくならねばならないのである。

骨格を斜にねじっている。首は充血し、肩は痛み、躰全体が痺れて、まったく生きた心地はない。

夕方になった。奥のほうから庭に向かって掃除が始まった。私は邪魔だとわかったが、動かなかった。相手のことなど構っておれないのである。私が、この難関を通過できるかどうかという瀬戸際なのである。相手は、

「避《ど》け！」

といった。鋭く叫んで、手にした箒《ほうき》で、私の頭を小衝《こづ》いた。実際は、軽く小衝いただけである。にもかかわらず、私には、「ぴしり」という衝撃音が聞こえたように思った。

体中に電流が起こった。不思議なことに、深い感動をおぼえた。何という尊いところへ来た

のだろう、と思った。いままで受けた警策《けいさく》のどれよりもこの粗末な箒の一撃が有難かった。

後になって知ったことだが、この悪辣の道人は、当時すでに十年余もこの僧堂に居る応さんという典座《てんぞ》和尚（台所頭）で、その後も、この人の法に対する親切は一再ならず、私にとっては忘れられぬ恩人の一人となった。

日が暮れた。客行が現れ、今夜は宿を許すから、明朝早々に立ち去るようにと告げて、庭伝いの別棟の旦過寮へ案内してくれた。麦八分の粥をいただいたのち、旦過寮で、只管《しかん》壁に面して坐禅に入った。式台の作法と違って、このほうはやはり楽だった。坐禅は人体の理にかなっている。

九時になり開枕《かいちん》（就寝）の梵鐘が鳴った。一時に緊張がほぐれた。ほぐれたというより、失神に近かったといっていい。私は気を喪っていた。気を喪って、横ざまに倒れていたらしい。その私の頭上から物凄い罵声が降ってきた。客行であった。

「この無道心者め」

といった。あとは、聞くに耐えない悪罵である。命がけの修行に来ていながら、悠々と寝ているとは何事かという。私が気を喪っていたのは、不覚であったが、気を許して寝ていたのではない。それに、私の宗門（曹洞宗）では、開枕の合図があると、寝てもいいことになっている。

しかし、私は、あえて弁解しなかった。

弁解しなくても、客行は、私が他宗門の修行僧であり、その作法も違うことを知っているはずだからであり、こういうケースには幾度も出会っていて当然だからである。客行は、そういう私を見越していて、そうして激励に来てくださったのであろうし、ここで弁解すれば、客行と、言葉と言葉で応対しなければならなくなる。

この場面、言葉というものほど行動を縛りつけるものはない。平ったくいえば、売り言葉に買い言葉というやつである。果たせるかな客行は、

「一刻も置くことはならぬ」

といった。

「即刻、出て行け」

ともいった。言葉で応対するなら、ひたすら許しを乞うか、開き直るか、どちらかであろう。「ああ、出て行きますとも」という一言を発するのは、たやすいし、実際、いくら詫びても許しを得られなかったら、そういってしまうほかないではないか。

私は、返辞のかわりに、ひたすら平身低頭して、沈黙を守った。この沈黙、不貞腐っているのではない。自分を守っているのでもない。いわば、相手に依託しきっているのであり、相手

まかせであり、相手の判断に一切をおまかせするほかはないのである。もし客行が、私の襟首を摑んでひきずり出そうとすれば、私は、従うほかなかったのであろう。しかし、相手はそれをしなかった。しなかったことが、「許す」という意志表示だったのであろう。

客行は出ていった。私は、開枕の合図を聴いて自分を喪っていた自分を恥じた。すると、不思議に気分が充実し、暁方まで坐禅三昧に入ることができた。

朝になった。四時。広い本堂に案内されて、七十人の大衆《だいしゅ》（寺全体の僧）の後に坐って、朝課（朝のおつとめ）をともにした。宗派が違うため、誦経はまるでわからない。

粥座《しゅくざ》（朝食）が済むと、昨日と同じ日課が待っている。玄関の式台に斜めに低頭して、入門の許しをこうのである。それも、いきなり玄関に坐るのではなく、草蛙をはき、覆子を背負い、いったん山門を出てからひきかえし、案内を乞い、毒づかれるという手順まで、前日と同じことをやるのであった。

この入門の儀式を、「庭詰《にわづめ》」という。曹洞宗にはない関門である。最も見込みのよいもので二日間、しからざる者は限りなしといわれる。私は、失敗を重ねながらも、二日間で庭詰を終えたのだから、誠心誠意を認められたのであろう。真剣さを買われたのであろう。

誠心誠意といえば、私のほうもそうであり、相手もまた、そうであった。かの客行などは、かたときも私のことが念頭を去らなかっただろうし、私が曹洞宗に所属するため、当然起こすであろうすくなからぬ混乱を、一通り経験させるべく、腐心していたのであろう。その真剣さに、私は、要領をつかわずに、真剣に応対した。

私は、客行の真剣さよりもまず、師の頑牛に感謝すべきであった。何も教えなかったからよかったのである。ちょこまかと、手順を手順どおりに済ませて、近道をしていたつもりでいても、結果は大いに遠回りをしなければならなかったであろう。この道ばかりは、そういうものなのである。

庭詰を終えてから、一週間の旦過詰だった。文字どおり、独り接心である。終日終夜の坐禅三昧であった。なつかしい体験である。発心寺で、私は蟬の声を聴きながら、禅境に身をひたした。私が蟬になることで、大自然の気息に融けこもうとした。蟬が師であり、仏であった。いま、蟬はいない。蟬はいないが、そうして坐していると、大自然の気息というものが、おのずから、身のうちを律し、脈打たせる。私にはもう、蟬を必要としなくなったのであろうか。私は蟬という師に会い、仏に会い、その師や仏をも殺してしまったのであろうか。

禅にある、「仏に会っては仏を殺し、祖師に会っては祖師を殺し……」という言葉を、想わずにはおれなかった。

この場合、「殺す」とは、もちろん殺戮《さつりく》のことではない。超越である。師をも、仏をも超える意気込みでないと、禅はできないのである。私は、蟬の無心を超えたのであろうか。

しかし、超えたという慢心ほどこわいものはない。私は、まだまだ超えねばならないのである。超えるどころか、ついていくのも覚束ない思いでいる自分を発見する事件がやがて起こる。

やっと、正眼僧堂に一人前の雲水として参堂を許されて、四、五日たった夜だった。午後九時の開枕の梵鐘が鳴ると、一同は坐禅を終えて経を誦し、三宝礼をして横になった。ただ一つしかない小さな灯までが消されて、僧房の中は、真っ暗闇になった。私は眠りにつこうとしていた。そのときである。耳許で鋭くささやく人があった。

「あなたは、ちっとも夜坐《やざ》に出ないではないか。なぜだ」

私は愕然とした。急いではね起き、その人の後を追った。私は「夜坐」というものを知らなかった。実をいうと、それまで毎晩、消灯後になると、ごそごそ外に出る人の気配を感じて、これほどの専門道場でも夜遊びにうつつをぬかす者があるのかと、なかば心外に思い、なかば呆れてもいたのである。その正体が、なんと「夜坐」という、日課外の修行だったのである。

私は、醜いおのれの心で、これほどの清浄衆を誤解していたあさましさに、身の震えるような思いがした。

外に出てみると、なるほど闇の中に、黒い人影がした。私も、人影にならって軒下に坐ったが、とても坐禅三昧といえるものではない。ほとんど呆然たる思いで、一夜を明かしたのである。

それから、人知れず、夜坐の作法について教わった。夜坐には必ず法衣をつけて出ること、坐蒲団を厚く敷くこと、本堂その他、諸堂の内部に入らないこと、雨などで外に坐れないときは縁側に坐ること、など大雑把な原則がわかった。

おどろいたのは、人に見られないように努力すること、という一項である。なるほど、そういわれてみると、月の明るい夜などは、みんな衣の袖に頭を包み、顔を隠して端坐している。芝居の黒子である。そこまで、自分を殺した姿は、同じ雲水の身ながら、ひどく感動的で、しばらく見惚れていたのを忘れない。

なお、おどろいたのは、正眼僧堂では、入堂いらい何年というもの、一夜として僧堂の中で夜を明かしたことがないという命知らずがすくなくないということであった。文字どおり「不《ふ》惜身命《しゃくしんみょう》」である。雨の夜も風の夜も、大地が凍てつくような極寒の夜も、雪の中でさえ平気で坐りつづけてきた人たちに、いま自分が仲間入りしたということは、身のひきしまるような思いであった。

もちろん、徹宵《てつしょう》といっても、まったく眠らないわけではない。

修行僧も一個の肉体があるかぎり、生理という因業なものから逃れられない。ことに、昼間は過激な作務（労働）をしている。疲れはひどい。したがって、無意識のうちに眠りにおちているものである。

しかし、それは眠るために眠るのではなく、つまり、いまのうちにぐっすり寝ておいて、眼がさめたら修行をしようというような暢気な心構えではなく、自らの禅境の高まりのなかに、自らの肉体をやすめているにすぎないのである。

なぜ、そこまでやるのか。

ほかでもない。「生死事大無常迅速《しょうじじだいむじょうじんそく》」だからである。

人間の「生死」という一大事を解決するのが禅の根本義であり、それには、「明日」はないからである。無常迅速、人間の命終に「待った」はないからである。

かくて私は「只管打坐《しかんたざ》」ひたすら坐った。坐っては、公案三昧である。一心に、老師からあたえられた公案（課題）を、みずからに問うのである。

夜を徹して樹下石上に坐り、露に覚め、寒冷に自らをふるい立たせ、梟の声、風の音に自分を空しくして、工夫の念々相続の日課が始まった。私は、充実していく自分を知った。

食えなくても食えた

「一日為さざれば一日食わず」

という。禅の古徳の言葉である。正眼僧堂の生活が、まさにそれであろう。禅も凄いが、作務の凄さはまた、言語に絶した。どんな日でも、決して休みはないのである。普通、禅でいう作務とは、境内の掃除とか、薪とり程度のものと理解されている。ところが、正眼寺においては、今日でいえば巨大な機械力を投入しなければならないような土木工事まで、雲水たちがやってのける。

あるいは、たまたま、私の参禅した時期がそうであったかもしれず、ちょうど、ある篤志家の寄付で大きな普請が行われていたので、そういう場面に出食わしたのであろうが、そうだとしたら、私は得難い体験をさせてもらったといわねばならない。

早暁、本堂の朝課を終えると、禅堂に移って暁天坐が始まる。それを済ませると、入室である。老師の部屋に入って、あたえられた公案に対して見解をのべ、批判を受ける。これがまた峻烈をきわめる。毎朝毎晩が試験である。そして粥座。

粥座後、ただちに作務に入る。大衆は作務衣を着け、脚絆手甲に草鞋を履いたまま、夕方まで、堂内に入らない。

普請は、裏山の一角を切りくずして平地にし、そこに若干の敷地を造って、延寿堂《えんじゅどう》（病室）と役寮の部屋を建てようというのであった。七十人の大衆は、ツルハシで山肌に挑むものと、掘り出した土砂を捨てる組の二手に分かれて、作業をすすめてゆく。むろん、強いられてやるのではない。みんながやるから、自分もやるのではない。作務もまた禅であり、禅であるかぎりすすんで身を投じるのである。

私は、この作務において、道元禅師の「苦事は先ず為せ」という言葉が、実体験として、わかったようである。私を含めた新到《しんとう》（新参者）の多くは、運搬方にまわされた。土や石や砂を大きなモッコに盛りあげ、二人がかりで天秤でかつぐ。この仕事を始めて二、三日、私は、両方の肩が腫れあがって、食い込む天秤の痛さに、しばしば気を喪いそうだったが、それも暫くすると、コブシ大の堅い肉塊が盛りあがって、やがて耐えられるようになった。

人間の体は、うまく出来たものである。自然は、よくしたものである。山の立木の伐採というような危険な作業もやれば、工事がすすむにつれて、壁土を練ったり、瓦を運んだり、およそ、しろうとのできる程度の工作は何でもやる。雨の日は、禅堂の庇の下で、モッコを修理し縄を綯《な》い、草鞋を編む。

その間、平常の作務がある。堂内の拭き掃除、庭掃き、草むしり、薪とり、まったく休む間もない。休む間といえば、わずかな休憩時間も、地べたに寝そべったり、無駄口を叩いたりする者はいない。樹の根っこや、石の上に腰を下ろして端然と坐っている。体の動かぬときは、心の動くときである。公案と一つになれる、貴重な時間である。作務は動中静の工夫であり、休憩は、静中動の工夫であった。そして開枕の合図とともに夜坐。

そうしていただく三度の食事は、この上もなく、ありがたかった。麦八分の粥も御飯も、塩辛い味噌汁も、毎度毎度といっていいほどの同じような献立てでありながら、その都度、新鮮で、おいしかった。飯がうまい、とは、このことなのである。おいしい料理とは、材料や調味料や料理人の小手先にあるのではなくて、いただく側の状況にかかわってくることなのである。

そういう日課の中にあると、麦八分の麦飯と南瓜の煮付けが、天下の美食なのである。御飯とは、こうしていただくものなのだということを私は知った。禅僧である私にとって、ではない。現に、多くの人が、こうして、三度の御飯をおいしくいただいておられるのであろうことを思うと、私は、飢餓に悩んだ青年期の、「食う」ということに対する姿勢を反省した。野良犬になるといい、「食えなんだら食わぬまでよ」と妙に拗ねた形で、悟りすましていたような自分の未熟さに気づいた。

「一日為さざれば一日食わず」

という。

字義どおり読めば、仕事をしないものには、食う資格がない、ということになる。それを、どうであろうか。

「一日為してこそ、食うものが食える」

と読みかえてはどうであろうか。

そこにこそ「食う」というきわめて日常的な行為の意味があると思う。大根も人参も、せっかくいただくからには、せいいっぱいおいしくいただいてやるのが、人間としてのつとめというものである。

病いなんて死ねば治る

ガンで死ぬのもまあいいじゃないか

よく病気をした。

大病をわずらったこともある。二十年ばかり前である。ガンであった。医師から死の宣告を受けた。正直にいって、ははぁ、死ぬかと思った。ところが良医を得、手術のおかげで命はとりとめた。この場合、奇跡的に、というべきであろう。事実、そのようにいわれた。

「おめでとう」といってくれる人もあった。こちらは胆の中で、何がめでたいものか、と思っている。そこで、別段、嬉しがりもしなかったら、相手は拍子抜けがしたような顔をして帰っていった。

それはそうではないか。ガンにかかって奇跡的に命を得たからといって、不老長寿の保証を得たわけではない。何年か、何十年か生き永らえるだけであり、あるいは、死のきっかけがガンという病名でなくなっただけのことであって、死から免れたわけではないのである。

死ぬことは、確実に死ぬのである。当り前の話である。当り前のことを、どうしたわけか安易に意味をとり違えて、不老長死のお墨付きをもらったように有頂天になって、当座の命拾いを、自分は永遠に死なないものに変身したかのような幻想を抱く。

もっとも、人は幻想なしでは生きてゆけたものではない。いいかえれば、生きている、ということは、幻想の証しのようなものであろう。すくなくとも、当分は命があるものという幻想がなければ、気ぜわしく息もできまい。

ほかでもない。かくいう私がそうであった。医師から死の宣告を受けたとき、「ははぁ、死ぬか」と、今更のように思ったのも、そのあらわれであろう。

「方丈さん、あんた死相をしているよ」

と檀家の人が見舞いに来て、そういった。

ほかでもない。暫く胃を悪くして、寝込んでいたのである。鈍痛がだんだんひどくなり、日常の作務も坐禅も支障をきたすようになって、なんとなく、無為にすごしていた。痛みはあるが、無為もまたいいものだと、暢気な気分でいたように思う。

病いも気から、という。とりわけ、胃のはたらきは神経と密接な関係にあるらしい、と医学のほうでもいわれている。たぶん、それだろうと思っていた。実際、胃でも痛まぬことには、養生ということのできぬ身辺だった。養生すれば、直るだろうと思っていた。それが、

「死相」

をしているという。いわれて鏡を見ると、なるほど皮膚が土気色になっている。これはどうやら、養生ぐらいでは、カタをつけてくれそうにない。

そこで、遅まきながら病院の門を叩いた。富山中央病院だった。そこで生まれて初めて、レントゲンの透視を受けた。結果が出た。

「すぐ、胃を切りましょう」

と医師はいう。異存はあるまいな、という目付きだった。

「ははぁ」と思ったのはこのときである。直感的に、ガンという言葉を想った。そうであろう、と医師に返事を促した。それはわからない、と彼は言葉を濁した。こうした場合、本人に告げるべきか否かということは、医学界の長い論議になっているそうである。論議は出されたまま、いまだに、こたえは出ていないそうである。

私の場合も、その作法にならったのであろう。私は、坊主である。坊主の私が、いかなる理由で、命終したかも知らずに、閻魔大王の許へ行くのは、いかにも格好がつかないから、ここは、本当のことを教えてもらわねばならぬ。私は、そのようにいい、真相を告げてくれるように頼んだ。

ことわっておくが、そのときの私は、別に病名にこだわる気はなかった。何で死んだところで、死んだという事実には間違いなく、死んでしまった後から、死に至る手続きを、ああでもないこうでもないと論議するほどの愚はない。しかし、私は、死というものを目前にして、自分自身を実験してみたかった。

平常は、死ぬ時は死ぬが宜しく候、という覚悟でいる。いつ死に直面しても動じぬ心得で生きてきた。それが、ほんものであったかどうか、私は知りたかった。あるいは、発狂するかもしれないし、人が変わったように塞《ふさ》ぎ込んでしまうかもしれぬ。そのときは、それでよいと思った。

いずれにしてもこの実験、中途半端なことでは結果が出ない。ガンならガン、単なる潰瘍《かいよう》なら潰瘍と、判定してもらわぬことには、成りたたない。ガンかもしれぬ、あるいは潰瘍かも知れぬ、では困るのである。医師にそれをいい、ガンであろう、とたずねた。

医師は、まことに済まなさそうに深くうなずいた。私は、この医師の善良さが大いに気に入った。別に、医師が済まながることはないのである。ガンを発生させたのは、この私であって、医師の責任ではない。医師はむしろ、それを発見した功労者なのである。それが、ひどく済まながっている。間にあわぬ仕事である。

「ありがとう」

と私はいった。引導を渡すのは、坊主の仕事だが、その坊主に引導を渡したあなたは、天下の大導師だ、と冗談口を叩いた。冗談をいって、私は、発狂も、塞ぎ込みもしていない自分がわかった。ひどく、さっぱりした気分だった、というと嘘になる。さっぱりもしなかった。普段と同じだった。

ガンは、ひどく苦しんで死ぬという。それが、やがて自分に襲ってくる。私は、その大苦痛と格闘しなければならない。それは、正眼僧堂の修行をはるかに上回るものであるかもしれないし、あるいはそうであろう。手術がうまくいかなかったら、そうなる。しかも、ガンの手術の成功例は、きわめて稀だというではないか。

なんだ、そうだったのか――と思った。一生を、坊主の修行一途に来たこの私の最後の仕事が、自分の臓の腑のなかにできたガン細胞というやつとの格闘だったのか。人生、そんなものであろう。

衆生の恩恵によって私は生かされている

すぐ入院ということになった。ところが、空いたベッドがない。男部屋が全部ふさがっており、ただ、婦人部屋のベッドが一つだけある。その一つを私が埋めることになった。そういう異例の決断をしたのは、看護婦長である。

「関さんなら大丈夫でしょう」といった。こちらは生涯不犯、人の目からも男性というより、中性として認められていたのであろう。

いくらお坊さんでも――と、拒否反応を示した人もあったらしい。同室になるべき婦人患者である。それはそうだろう。世のご婦人がたにとって、私という存在はいかに無害であり、無害を保証されるといっても、ご婦人にはご婦人の世界があり、ご婦人にしか通じぬ秘密もあろう。そういう世界へ、まったく異質なものが入りこんでゆくのである。拒否反応というには、あまりに生理的な状況であった。

たとえていえば、寝姿を見られるのも厭だろうし、カーテンで隠しているとはいえ、着替えの気配を感じさすのも不快であろう。無理もなかった。

その無理を、通してくれたのが、同室の顔見知りの婦人患者だった。私が光厳寺時代に女子師範に出かけて、講演や坐禅の指導をしたさい、聴講していた人であった。実際に警策で打った人だった。その人が、関大徹中性説を大いに吹きまくってくれたらしい。

そのおかげで、私は、世の男性も大いに羨むような体験をさせてもらった。考えてみれば、幼時、母親と並んで寝ていらい、半世紀ぶりに、婦人と枕を並べて寝るのである。私は、その人との奇遇をよろこび、また、感謝したものであった。

程なく手術が行なわれた。不安はなかった。どうせ、大苦痛に襲われて、この世と別離しなければならぬ体である。術中に、私の体力が術に堪えられなくて、そのまま閻魔大王の許へ馳せ参じることになっても悔いはなかった。

手術は、大成功だった。四日間は絶対安静で、事実、私も夢とも現《うつつ》ともない時間を送っていたが、その期間を過ぎて、医師から、大成功だったという報告を受けた。患部は胃だけで、どこにも転移してなく、それをすっかりとり除いたから、もう大丈夫だというのである。

咄嗟に私は「儲けた！」と思った。

儲けものをしたという気分になったとき、私は、私を愧《は》じた。なんということであろう。ガンの宣告を受けたとき、平然と手術台に登れたはずなのに、生死ということに豁然《かつぜん》としていたはずだったのに、万が一の僥倖《ぎょうこう》をたのむ気が、心中の片隅にあったのである。

病いとは、死ぬための一つの手段にしかすぎない。私は、ガンという手段で死ぬはずであった。その手段が医師によって截《き》りとられた。ただ、それだけのことである。私は、つぎの手段を待つ身になったにすぎない。

「生死事大」とは、実に、この平明きわまりないことわりではなかったか。そう思うと私は、助かったと報《し》らされた一瞬に、思わず喜色を浮かべた自分を見逃すことはできなかった。

そういう時期だったからであろう。五日めから面会謝絶がとけて、十人、二十人と、多くのかたが見舞いに来てくださったときも、別に嬉しがりもしなかった。相手は、それが大いに不満だったらしい。ガンから救われたのだから、天に踊り地に踊りして、喜んでみせるべきところを、平気な顔をしている。思えば、こんな可愛気のない患者もいないであろう。

私は、それはそれでいいと思っていた。いましがた得たばかりの「生死事大」ということの肝要を枉《ま》げて人のために愛嬌を振舞う必要はないと判断していた。だから、せっかく喜びに来てくださったのに、応対はぶっきらぼうになり、見舞客の厚意を白けさせてしまった。

私は見舞客が去ると、「大般若経」を目読した。その時間のほうが、充実しているように思えた。

そのことの不明に気づいたのは、数年後である。

その後も、定期的に検診を受けていたが、数年して、私は医師から「もう心配はありません」といわれた。なんということであるか。「もう」心配ない、とは、その診断に至るまで「まだ」心配があったという事実を告げているにほかならない。なんと私は、知らぬが仏だったのである。「まだ」心配していて下さった医師をはじめ、周囲のかたがたに対して、私は、なんにも知らずに、ひとり悟りすましたように、超然としていたのであった。私は、再び自分を愧じた。

私は、私ひとりで死病を克服したような気になっていた。そうではなく、医師をはじめ、周囲の人々の、心配りに見守られていたのである。素直に喜ぶべきところを、蛙の面《つら》に水と構えていた私は、まさに私の独り相撲であり、ピエロであった。

病いなんて、死ねば治る——それはその通りである。おそれることはない。最悪の場合でも「死」であり、それは、人間、いや、生きとし生けるあらゆるものに約束された事態である。一度は通過しなければならぬ関門である。あまりにも自明の理であり、この自明の理を心得ておれば、病いなど苦にすることはない。

だいたい、お釈迦さまが説かれた「生・老・病・死」という四つの苦は、つまるところ生死の問題であり、苦は、生という一事に始まり、死によって完結する。人間、なんのために生まれてきたかという問いに対して、万人共通のこたえを求めるならば、それは死ぬためであり、「老」も「病」も、死への手続きにしかすぎないのである。

しかし、だからといって、おのれ独り潔《いさぎよ》し、としているのは、どうであろうか。そういう自分は、自分ひとりで生きているのではなく、多くの人たちの支えによって、生かされているのである。病いになれば、人は、わがことのように心痛し、快癒すれば、またわがことのように喜んでくださる。とりわけ医師は、患者も忘れてしまったような病患を、忘れずに追跡していて下さるのである。

仏教では、四恩ということをいう。順序は、説かれたお経によって、多少ちがうが、要するに、一、育てて下さった父母の恩、二、直接、間接にお世話になっている一切衆生の恩、三、国家・社会の恩、四、仏法の恩である。ここでいうならば、一切衆生の恩であろう。

すべての人々の恩恵によって、いま、私は生かされている。よくつかわれるたとえだが、一粒の御飯をありがたく頂戴できるのも、それを生産して下さったお百姓さんのおかげであり、それらのかたがたには、いちいちお礼を申しあげられないほどの距離と多方面にわたっている。

だからこそ、せめて身辺の、声をかけられる範囲の人には、和顔愛語《わげんあいご》でゆかねばならぬ。おかげをこうむっている人間の、人間としてのつとめであろう。いや、つとめてするのではなく、おのずから、にじみ出てくるものでなければならぬ。

そういう重大事に気づかせていただいたのも、私の死病を見守ってくださった医師をはじめ、多くの人々――衆生の恩恵であった。

思いやりでいくつも病いを克服した

以下は、余談のようになる。

そういって眺めれば、私はこれまでさまざまな病いにとりつかれ、その都度、まわりの人たちの温かい思いやりで救われている。

最初は、生まれてまもなく罹《かか》った。罹ったというより生まれながらにして持ち合わせていたようなものであろう。脱腸だった。母は、なんとかして直してもらいたい一心で、越前観音にお百度詣りをしてくれた。「病気」ならともかく、精神や気力のあずかるところが大きい病ならともかく、そういう外科医学的領域に対する疾患に、お百度詣りはなにほどの験もあるまいが、ここは母の蒙昧《もうまい》さを笑えない。母親の一心というものであり、そういう親心に育まれて、私は大きくなった。

いまなら、四歳ぐらいになると、簡単に手術ができるらしいが、昔は、そういう医学的環境にない。なにしろ世は明治である。文明開化以降、まだ半世紀も経ず、すぐれた西洋医術が福井県のような田舎にまで滲透するには、暫く年月を要した。

手術を受けたのは、十四歳のときである。三週間入院し、うまい具合におし込んでもらった。少年時代を通して、蛙のおなかみたいにふくらんだふぐりを股間にはさんできた私には、嘘のようにしぼんだ股間は、なにか生まれ変わったような気分を味わわせてくれたものである。

これは、病いといえないが、少年期の後半から近視になり、十八歳のときから、メガネをはなせなくなっていた。それが、三十歳になって伊深の正眼寺へ修行に出かけたとき、最初の関門である庭詰で、いやおうなしに眼鏡を外された。これは、かなり残酷な仕打ちである。メガネをかけていた者が、それを奪《と》りあげられると、どんなに不自由かは、体験したものでなければわからぬであろう。

視界はすべて茫漠とし、濃霧のなかを歩いているようであり、さまよい歩くという覚束ない足許で、儀軌にきびしい禅堂の生活や、作務はこたえた。ところが、そのうち慣れてきた。霧中の行動に慣れ、人並みに不自由を感じなくなった頃、不思議なことがおこった。徐々にではあったが、霧がはれてきたのである。ものが見えだしたのである。知らん間に、近視はなおってしまっていた。

近視はなおったが、とんだ厄病を背負い込むことになった。バセドー病というやつである。伊深では、夜坐をやる。まえにも書いたように、開枕の梵鐘が鳴ってから、ごそごそと僧堂を抜け出し、露天で坐禅をする。夏だった。夜露に濡れながら、夜坐をつづけているうちに、咽喉に痛みをおぼえ、ついで、眼のあたりがおかしくなった。

二、三日気にもとめないでいたが、鏡を見ると、頸がはれあがり、眼球が飛び出したようになっている。奇病である。なんだろうと思って、医師に診てもらうと、バセドー病という、当時われわれの医学常識になかった診断を受けた。なんでも、精神の過労が原因となって起こる病いらしく、まず安静と精神の鎮静が必要で、このまま正眼僧堂の修行をつづけていると、確実に死んでしまうであろうといわれた。

当時、すでに私は、死をも怖れぬ心境にいた。このまま、坐禅三昧で死んでも本望であった。おそらく、周囲の戒めがなかったら、私はそのまま伊深の土になっていたであろう。周囲が、病いを機に富山へ帰るようすすめ、それが最初の師・頑牛に報いる道だと訓《さと》した。おまえは、まだ死ねない、といわれた。頑牛も、戻ってくるように催促をした。私は、僧堂の友人と師の言葉にしたがった。

ところがこの病気、どうも病因はわかっているが、それを退治する特効薬といったものは、まだないらしい。たとえば、結核菌に対するストレプトマイシンのように、一発で効く薬はないらしい。富山に帰ってから、電気治療やいろいろの処置をうけたが、いっこうに効き目がなく、とうとう治療をあきらめ、以来二十年、私はバセドー氏とつきあってきた。

それがどうだ。ある柔道の先生が「これは治る」と事もなげにいうではないか。昭和三十年だった。この病気は、指圧に限るという。腰から下をしっかり揉めばいいという。半信半疑だった。それはそうだろう。近代医学の粋を集めてもなおらぬ病いが、指圧一本で快癒するといえば、それは魔術であるとしか理解してみようがない。

私は、魔術を信用しないまま、魔術にかかることにした。なんと、魔術は奇想天外なからくりでもなんでもなかったのである。毎月一回、この先生について指圧してもらい、八回目にして、咽喉の腫れがとれた。目の玉も、もとのように、眼窩《がんか》におさまっていた。

以来、私は指圧に凝りだした。通信教育で、この道を一通りマスターした。その頃であった。私の許へ、高校生の娘をもつ母親がたずねてきた。悩みがある、という。娘がバセドー病にかかって難儀しているという。おそらく、嘗って私も同じ奇病に悩み、二十年悩みとおし、それが、わずかな魔術でけろりとなおったという世間の風聞を耳にしてやってきたのであろう。

なおるかなおらないか、それはわからない、と私は正直にこたえた。私に効いた魔術が、私以外の人にも明確に効くという保証はどこにもないからである。なおらなくてももともという気で来るなら、通わせてみなさい――。

高校生の娘は、早速やってきた。月一回の指圧が始まった。嘗って、柔道の先生が私にしてくれたことを、この娘さんにお返しするのである。世の中、そういうものであろう。すべては、持ち回りである。娘さんは、一年目で治った。八カ月と一年と、それは施術の優劣による開きだったのであろう。

＊

以下は、蛇足である。

人生、なにが苦であるといっても、病いにまさる苦はあるまい。人の世に、病いというものがなければ、どれほど人は幸福であろうかと思う。しかもこの苦は、医学がいくらすすんでも、医療機関がどのように発達しても解決できないのである。病苦ということを、健康人は、病いによる生理的苦痛と安易に理解しがちだが、一度、わずらってみれば、そうでないということがわかるであろう。

幸いに、私は修行のおかげで病苦を味わわされたとき、一種の生死解脱《しょうじげだつ》の境地を得ていた。だから、病いに伴う死への恐怖は免れた。生涯を不犯《ふぼん》で通してきたから、死に伴う残される者への憂いもなかった。私はあのとき、ガンが進行していたら、ガンに苦しみつつ人生を完結させたであろう。それだけでおわったのである。

たとい、言語を絶するとはいえ、苦痛に耐えるだけでよかったのである。だから、たといガンとはいえども死ねばなおると、当然の帰結に安心しておれた。それだけでなく、私は一命をとりとめたばかりか、なお得がたい多くのことを、身につけることができた。

仏教は「転禍招福」の教えである。禍いを除いて、ではなく、転じてというところが、いかにも面白い。禍いは、一度降りかかったら免れ得ぬものとすれば、その禍いを禍いのままに、そのまま、幸福にひっくり返そうというのが仏教の基本的な味わいである。

なあに、むつかしいことではない。世諺で「ものはとりよう、思いよう」というではないか。それである。考えてみれば、その「思いよう」という一語のために、私は六十余年の修行をしてきたように思う。

簡明すぎるほど簡明な道理ぐらい、身につけるのがむつかしいものはない。

無報酬ほど大きな儲けはない

出せるだけ出すのが寄付の心

去年、あるおおやけの団体から、寄付をたのまれた。

普通、こうした場面での応対は、だいたい相手が、どの程度の額を求めているかをたずねるところから始めるべきであろう。そういう作法になっている。なかには「奉賀帳」という便利なものがあって、まず世話人や、志のある人から寄進の額を記入し、それを基準にして、志の度合いや、社会的地位、懐具合などを勘案しつつ、「分相応」に出すことになっている。それはそれで重宝というものであろう。

しかし私は、どういうわけかこの種の重宝が気に食わない。そうした作法は「志」というものの本筋と違うからである。別にスジ論をもちだす気はないが、これでは「志」にはならないと思う。そうではないか。志とは、自分のこころざすままを差し出すのであり、いいかえれば、いくら出せばいいか、と相手に問うのではなく、いくら出せるかをこちら側にたずねてこその志である。

私は、それをした。

当時、福井県の吉峰寺《きっぽうじ》にいた。草深い山の中の田舎寺だが、曹洞宗門にとっては、忘れられない名刹である。すなわち、高祖道元禅師が越前に入れられて最初に営まれたお寺で、曹洞宗発祥の根本道場といっていい。福井からおよそ二十キロ、辺地ながら、本堂、庫裡、禅堂、観音堂、開山堂に山門と、古刹としての結構を保っている。総門から山門までおよそ五丁、境内はかなり広い。

だから人は、相当な肉山《にくさん》と思われるだろう。肉山、経済的に豊かなお寺の意である。だが、実情は、そうではない。無檀だからである。檀家がないから、一般的にお寺の収入の基礎になっている葬儀や仏事などのお布施によるみいりがまったくない。住職の関大徹以下、一山の衆徒は、托鉢によって、なんとかその日その日の糊口《ここう》をしのいでいる。お台所は火の車である。

普通の家庭人の感覚でいえばそういうことになる。赤字家計もくそも、定収入がないから、ゼロ家計にひとしい。けれども、誰もそれを苦にしない。米櫃《こめびつ》に一粒の米もなくなったらどうしようという恐怖感もない。それは、すでに触れたように、「食えなんだら食わぬ」までだからであり、一山は餓死覚悟の集団だからである。

そういうお寺なのに、不思議にお金のあることがある。これは、不思議である。不思議であるということの秘密を解きあかすのが、本項の主題だが、とにかく、お金があるから、会計係というような俗事をあずかる人間が必要になってくる。

寄付の申し込みを受けたとき、私は、その会計係を呼んで、いまどれぐらい出せるか、とたずねた。「二百万円」と、かれはこたえた。しからば、と私は相手に告げた。「二百万円、出させていただきましょう」。――これには、相手も魂消たらしい。それは、とか、そんなに、とか言って、一瞬、動揺された。あるいは、私が冗談を言っているのか、と思われたのかもしれない。からかわれたか、と思われたかもしれない。私には、そういう滑稽を愛する気は毛頭ない。

いずれにしても、二百万円におどろかれたことは、私どもにそれだけの額を求めておられなかったということであろう。吉峰寺さんなら、せいぜい……と胸算用してこられたのであろう。その算用と、あまりにも食い違ったはずである。

それは、相手の流儀、というより世間一般の流儀であろう。しかし、私には私の流儀がある。いま、お寺に二百万円あり、そのお金を生かしてやろうという人がいるなら出すまでのことである。

吉峰寺は、飢餓覚悟の集団だから、貯えておく必要はあるまい。したがって、それは、いま出せるお金であり、いつも出せる額ではない。たまたま、すっからかんのときに来られたら、それこそビタ一文出せぬであろう。また、いま二百万円を寄進したからといって将来も同じだけの額を出せるという保証は、どこにもない。

この流儀でいくかぎり世渡りはあくまでも自由であって、世渡りだけでなく、私自身もわずかなお金への執着から解放される。これほど晴れやかな世界はあるまい。

私は、ずっとその流儀できた。

永平寺の育英資金を求められたときも、百万円あったから出さしていただいた。同じように永平寺の山内に一閣を建立するときも、同じ額を出した。吉峰寺のような無檀でよく出せますなぁ、と宗門の仲間からいわれたこともある。世事に鈍感な私は、投げかけられた感嘆の意味がわからない。わからないから、「それはありましたので」と正直にこたえておいた。

「ほほう」と、仲間はいよいよ感に堪えぬような顔をした。

「そんなにあるんですか」

「あるときもあれば、ないときもあります」

その通りである。が、その通りというのは世間さまには通用しないらしい。坊さんの世界といえども、いまは半俗である。半俗だから、世間さまの作法も大事にしなければならないであろう。

その仲間は、言外に皮肉ったのである。皮肉っただけでなく、多少の苦情も込められていたらしい。つまり、吉峰寺のような貧乏寺に奮発されると、あとが困るというのである。そういう深い世間の機微というものを、あとである人物から聞かされて、納得したが、こちらは、世間阿呆だから仕方がない。

いまさら、自分の流儀を変えてしまうことはできない。

無償の行為こそ「徳」である

そういう次第だから、私は檀越から寄進を受けても、過分な感謝の言葉はかえさないようにしている。追従も世辞もいわない。いわんや阿諛《おべっか》をつかうぐらいなら、寄付してもらったものを返してもいいぐらいの気でいる。いまは風変わりな坊主で通っているからいいようなものの、最初はずいぶん戸惑われたかたもあったらしい。実際にそういう声も聞いた。

そうではないか。寄付というのは、まったく無償の行為である。無償の行為であってこそ、それは「徳」として完成する。人間、なかなか徳を積めるものではない。自分のためなら、死にもの狂いで働くこともできるが、他人様や仏様のために、一切を投げうつという真似は、天地がひっくりかえってもできないのが普通であろう。

考え違いをしてもらっては困る。会社のために、役所のために自分は誠心誠意つくしているという異論は、このさい受けつけることはできない。会社のため、役所のためとはいえ、所詮は自分のためであり、自分の保身、栄達のためであり、どだい、はじめから「無私」になれといったところで、できない相談なのである。

「徳」は無私でなければならない。無報酬でなければならない。そうしたなかで、おおやけごとやお寺のことに寄進できるというのは、せめてもの徳を積ませていただく得難い機会であり、無私な心境に自分を高めることができるのである。

それを大げさに感謝されると、どうであろう。大いに追従をいわれ、阿諛されたら、どうであろうか。人はいい気になるであろう。してやったという気分になるであろう。おれは、これほど善いことをしたのかと、あらためて、思い直すであろう。なぜかというと、ほかでもない。いい気になったとき、その人はすでに、この上もなく得意な気分という代償を得ていることであり、その「徳」は霧消するからである。

徳が無償のものであるかぎり、そういう気分という代償は、すべてを帳消しにするだけの魔力をもっているからである。徳を積もうという人のためにここそ、ここ一番、過分な感謝は、つつしんであげるべきではないか。

ただし、この場合、受ける側も「無私」でなければならない。「私」する、といっても、寄進されたものを、私に横どりするという悪事を指すのではない。それは横領であり、おおやけを横領した人は、あの世での閻魔大王との出会いを待つまでもなく、この世で裁かれるであろう。そうではなく、これこれの寄付を俺が集めたという手柄顔である。それを自分の手柄にしようとしたとき、すでに「私」というものがしゃしゃり出、「無私」ではなくなる。

受ける側は、ただ、おおやけを代表し、仏になりかわって、無心に礼を述べるだけでいいのである。

もう一つ、大事なことがある。無心でないと、つい、寄進された金額や施物の額にこだわってしまうようである。そういう私にも、経験がある。吉峰寺の下寺《したでら》が北海道の帯広にあって、檀越のタクシー会社の社長さんが、お寺によくつくしてくれる。まえも、自分の旧宅を寄進し、お釈迦さんの木像を寄進し、つい最近、わざわざ飛行機で飛んで京都へ行き、地蔵尊像を求めてこられて寄進された。そのかたが、吉峰寺へ見えた。

地蔵さんといっても、路傍の石仏ではない。光闡《こうだ》けた立派なお木像である。百万や二百万で買えるものではない。だから私はつい、その人に値段を聞いてしまっていた。不覚であった。幸い、相手は笑って、こたえなかったから救われたようなものの、そうでなかったら、私は、相手の「徳」をふみにじるところであった。ここは、相手がいくらのものを求められたか、という事実関係よりも、地方のタクシー屋さんが、せい一ぱいの思いで地蔵尊をお寺に納められた徳を讃嘆すればよいのである。

考えてもみるがいい。極端な例でいうと、巨額の資産をなしている人が百万円を投じたのと、貯えらしい貯えもない人の千円と、どちらが尊いか。世の価値基準からすると、千円より百万円のほうが、はるかに価値があるに決まっている。千倍もネウチがあると、きっちり計算で出てくる。したがって、百万円には這いつくらわんばかりに会釈して、千円には軽い叩頭ですましてもいいという論法になる。

しかし、どうであろうか。これは「金」に頭を下げているのであって「徳」に頭を下げているのではない。「徳」の評価でいうと、百万円より千円が尊いことだってあり得る。事実、そうであろう。さらに極端な例でいえば、乏しい財布の中から千円札一枚を投じたのと、会社や高額所得者が、税金のがれに一千万円を割いたのと、どちらに徳の重さがあるか。残念ながら、お寺には該当しないが、おおやけの寄付には、そういう恩典があるそうな。

大蔵省の指定による寄付行為で、おかみが認めてくれた寄付は必要経費として処理されるという。どうせ、税金でもっていかれる金なのである。納めるところが違っただけにすぎないではないか。それなのに、感謝状などを誇らし気に飾りたてて、大きな顔をすること自体、犯罪的というべきであろう。

ついでながら、仏教でいう「施し」とは、かならずしも金品とは限らない。金品にあてるのを「財施」といい、金品に表現できないまごころを「無財施」という。

ちなみに、その無財施には、心施《しんせ》、和顔《わげん》、慈眼《じげん》、愛語《あいご》などがある。

心施、心の施しである。人の心になって、いたわってあげるのをいうのであろう。和顔、字義どおり、和らいだ顔である。こわい顔をせず、柔和な表情で人と接するのも施しというのである。慈眼、いつくしみの眼。

ここでいう眼とは、空間的視界をとらえる機能ではあるまい。心の眼で、心象世界を見てあげるのである。それも、仏の心にかわる、いつくしみの眼で、見詰めてあげるのである。それが、やさしい言葉(愛語)になる。道元禅師のお言葉に、

「愛語を聞くは面《おもて》を喜ばしめ、心を楽しくす。面《むかい》て愛語を聞くは肝に銘じ、魂に銘ず。愛語能《よ》く廻天の力あることを学すべきなり」

といわれている。

「捨身施」という凄いのもある。身を捨てて、人に施すのである。月の兎という有名なオトギ話を御存知であろう。これは、捨身施をおしえた仏教説話からきた。

森の中に狐と猿と兎が仲良く住んでいた。そこへ、飢えのために死にそうな旅人が通りかかった。三匹とも、旅人のためにそれぞれ食糧を探しに出かけていった。猿は、果実をとってきた。狐は、川魚をとってきた。兎だけ、手ぶらで帰ってきた。そして申し訳なさそうに、猿に薪をとってきてくれるように頼み、それを積み上げると、火を点けて、燃え上がったところで、自分を食べてくれといって身を投じたという。そのとき旅人は、たちまち菩薩に変身し、兎を月の世界（天上界）へ生まれさせたという。

捨身施とはそういうものであり、とても常人ではできぬ施しに見える。だから、といってあきらめてしまうのは、早計であろう。たとえば乗り物の中で、お年寄りに席をかわってあげるのも、いってみれば捨身施である。

誰にでもできる簡単な事柄でいい。施しをすることだ。

「徳」は積ましてもらわねばならぬ。そして、たといお礼の言葉といった瑣末なことでも、代償を求める心があるとするならば、その「徳」は帳消しになる、と心得られたい。

「無一物中、即、無尽蔵」という人生の秘密

吉峰寺は、二十年つとめた。

入山した当時、お寺は清閑そのものだった。清閑という言葉は、いかにも禅刹らしくてよい。が、裏返していえば、誰も寄りつかないのである。禅の修行には、いい環境かもしれないし、事実、吉峰寺は修行道場である。しかし、修行道場という機能を果たすだけなら、禅堂さえあればいい。諸堂がととのっているのはそれだけの意味があり、人が寄り集まってこそのお寺といえるだろう。一人でも多くの人に仏縁を結んでもらってこそのお寺なのである。

私は、そのための努力をした。たとえば、除夜の鐘から、元日詣でをすすめた。ただお参りしてもらうだけではない。参詣者全員に弁当を配り、雑煮はどんどんおかわりをしてもらい、酒は飲み放題という企てであった。

さすがに寺の者は、この企画には首をひねった。そんなことをしたら、吉峰寺の財政は破綻します、といった。「量入為出《りょうにゅういしゅつ》」という言葉がある。入るを量って出すを為す、現代語でいえば、計画経済であろう。お寺といえども、原則として経済というものを必要とするかぎり、こ

の大原則は犯せない。しかし、私はあえてこの原則を無視した。

「なあに」といった。「出せばかならずかえってくる」といった。師の頑牛が、いつもいっていた言葉である。

「大徹、おまえはどこへ行っても小遣いには心配ないぞ。儂《わし》が施しているから、その施しがおまえにかえってくる」

というのである。この言葉、意味をとり違えてもらっては困る。師匠は、私が可愛さに、私に施しがかえってくるであろうという反対給付を期待しての施しをしているというのではないのである。

いまになってわかることだが、人から施しを受けたとき、当然と思ってはならぬという戒めにほかならなかった。これこれの施しを受けるについては、たとえば、そういう師匠の施しがあったということを肝に銘ぜよというのであろう。そうして、そのためにも、施しにはげまねばならぬことを教えているのであろう。私は、そう理解している。けれども、この場面では、そういう咀嚼《そしゃく》をぬきにして、ただ「返ってくる」と予言的にいった。

予言は当たった。いまでは、除夜から元旦にかけて平均八百人の参詣者があり、福井県下だけでも二千人ほどの信者もできた。信者ができると、なにかと「志」を上げてくれる。自然、お寺の会計は忙しくなる。冒頭に触れたように、寄付をたのまれたときは、分不相応な支出もときにはできるようになった。

「仰せのとおりでした」と寺のものは、にこにこしていった。私はこのときこそいわねばならなかった。

「おまえの金ではない。儂の金でもない。何が嬉しいか」——。

さすがに寺のものは顔色をかえた。その通りではないか。お寺のお金は、あくまでもお寺のものであり、たまたま、私の名指しで、私にといって差し出されたお金も、それは、私のものではないのである。

私が吉峰寺に住し、法衣をまとっているからこそ包まれた志なのであるから、裸の「私」のものは、なにもないのである。「無私」とは、それでなければならぬ。自分を教え込むようにして、我慢して「私」をひっ込めるのではなく、本来「私」というものはないという事実にめざめさえすればいいのである。

だから、私はいつも素寒貧であり、死ぬまでそうであろうし、それに過ぎる幸せはないのである。七十歳を越えてから、私の体を気づかって、寺のものは私に托鉢をやめるようにすすめてくれた。思えば入山二十年、私は托鉢のために二千足からの草鞋を履きつぶしている。しかし、この辺でそろそろ、という気は毛頭ない。そうではないか。「食えなんだら食うな」であり、まだ五体の動くあいだに托鉢をやめよということは、食うなと命ぜられるに等しい。

私は、揮毫《きごう》をたのまれると「本来無一物」と書くことにしている。

人間、本来無一物なのである。呱呱《ここ》の声をあげたときに、ものをもって生まれた赤ン坊があるか。有りあまる金を、あの世までもっていった大富豪があるか。もっというなら、なまじっか、人間にものを付託したために、人を不幸にすることだってあり得る。

豊臣秀吉は、遺児の秀頼のために、東洋一といわれる金銀と城塞を残して死んだ。秀頼は、この金銀と城のために滅んだといっていい。金銀による軍事動員力を叩くために、徳川家康は大阪城を攻め、ついでに秀頼母子をほろぼした。もし秀吉に仏教的な思想があれば、金銀を天下のためにばらまき、秀頼を豊臣という新興公家として京都の片隅にでも置いたであろう。そういう裸の秀頼まで、いくらむごい家康でもひねり潰そうというはずはなく、かれの血筋を絶やすことはなかったであろう。豊臣家は末代までつづいたはずである。

豊臣秀吉父子だけではない。人間みんなそうなのである。持って死ねる金もなく、残して末代まで保証できる金もないのである。

人間、本来無一物である。みんなが赤ン坊の初心にかえればいい。すると、ずいぶん余計な

ものが身辺につきまとっていることに気づくであろう。余計な金があれば、施しなさい。その施しという無報酬の徳を通じて、

「無一物中、即、無尽蔵」

という人生の秘密がおわかりになるであろう。

「即」なのである。

赤ン坊が、なにも持たずに生まれてきたために、母や父や、多くの人から無尽蔵の愛を受けられるのである。

＊

以前、静岡県浜松市の方広寺で、臨済宗の集まりがあり、伊深の正眼寺で修行した因縁で、私にもお招きがあった。行ってみると、早稲田大学の学生が、五十人ほど来ていて、六十年配の教授の指導でお寺の山に植林をしていた。もちろん、無報酬である。聞けば、方広寺へ来るまえも、山形県のお寺で同じ奉仕をしているという。そのかわり坐禅をさせていただきますと、表情は晴れやかだった。

三十年さき、五十年さき、お寺には、大した寺有林が育つであろう。

そしてお寺は、その青年たちの功徳を忘れないであろう。三十年先といえば、かれらが初老にさしかかった頃であり、五十年といえば完全な老境である。あるいはもう、鬼籍に入っている人がいるかもしれない。

おそらく、その時期において、青年期にそんな徳を積んだということを、忘れてしまっているに違いない。

ご本人たちは忘れていても、お寺は忘れてはいない。「徳」は残るのである。人生、これほど大きな儲けはない。

ためにする禅なんて嘘だ

禅は勝利への方便にあらず

最近、禅が重宝がられている。

こと禅に関して、「重宝」という言葉をつかいたくないのだが、まさしくその通りなのだから仕方がない。もっというなら「実用禅」であろう。役に立つ禅である。禅をすれば、これこれの効用がありますよ、という禅である。

もちろん、禅が結果的に世間さまのお役に立つのは、結構至極である。異論をさしはさむ余地はない。無用より有用がいいに決まっている。しかし、それはあくまでも結果的に、であって、はじめから、結果を期待して坐るのは禅ではない。

ある有名な元プロ野球の監督が、伝統の球団の采配をあずかった年、その球団は散々な成績に終わった。批判は監督に集中した。そんななかで、彼は一時、球界から姿を消した。伊深の正眼寺へ独り、坐りに行ったのである。そこで彼は何か得るところがあったのだろう。翌年、周囲がなにをいようが、自分をおしとおし、念願の優勝を遂げさせた。それだけではない。その球団は、その翌年も翌々年も、ずっと優勝し、監督は常勝将軍の異名をほしいままにした。

人は、将軍に驚嘆した。最初の年に、無残な記録を残した彼が、まるで別人のように栄光の人になったのである。その秘密は「禅」にあると、人は見たらしい。そのせいかどうか、その頃から一種の禅ブームという現象が起こり、禅刹は大いに忙しくなってきた。他人事みたいにいっているようだが、私が最近までお世話になっていた福井の吉峰寺も、御多分に洩れず、ぼつぼつ集団で参禅する人たちが増えてきた。

しかし、どうであろうか。話題のプロ野球の監督だけに限っていえば、禅によって奇跡的に優勝を遂げたという論法は、あまりに短絡である。彼が優勝したさの一心から、禅に頼ったとするなら、それは「野狐禅《やこぜん》」というものであり、もっといえば、その禅はニセモノであろう。

そうではないか。監督が禅さえすれば、かならず優勝できるという保証があるなら、十二球団の監督は全員、参禅をすればいい。全球団が優勝して、プレーオフも日本シリーズもやる必要がなくて、めでたしめでたしではないか。

ふざけた話だが、その通りであろう。簡明すぎるほど簡明な道理である。全球団の優勝というあり得ない事態が起こるなら、たちまちスポーツ新聞は売れなくなり、テレビの中継放送も見なくなり、肝腎の球場へ足を運ぶ人も居なくなって、プロ野球そのものの存続が問われる結果になるではないか。

これでは、禅という特効薬はプロ野球に寄与したのか、野球そのものを潰しにかかったのかわからなくなる。やはり野球は、勝つ者があれば敗ける者もおり、強い球団を弱い球団が苦しめたりしてこその面白味であろう。

私は、野球にはまったく昏《くら》く、どういうきまりで、どういう展開をしているのかという初歩的な知識すらないが、かの、常勝将軍でさえ、勝ちっ放しということは、なかったはずである。勝ったり敗けたりしながら、その累積が優勝という結果にみちびいたのであり、だからお客も来たし、スポーツ新聞も売れた。

禅は断じて、魔法ではないのである。人間の理にかなったことを、理にかなったとおりにやり、自然の理と一体になり、仏の悟りと一体になった自分を発見することである。そういう自分が世の役に立つか、立たないかは、二の次の問題であって、いわんや禅堂の門を叩いたから野球に勝てるなどというのは、迷信中の迷信である。

たとえば古来「剣禅一如《けんぜんいちにょ》」といわれてきた。剣の極意は、禅境に通じるとし、武人たちの多くは、禅を参究した。しかし、彼等は決して、禅によって、殺人という手段の巧みさを磨いたのではない。剣という生死の巌頭に立ちながら、生死を超えた境地を求めたのである。

これを「定力《じょうりき》」という。字義どおり、定まった心であり「大禅定」のこころに通じる。平ったくいえば、静かなるこころであろう。あわただしい日常のなかに、静寂を求める。万有静寂のうちに、永遠に人間を力づけるこころであり、静止しながら限りない活動の源泉となる。それは、自分自身がどっしりと坐り、その坐りを見出す人のこころであり、呼吸をととのえ、背すじをのばし、静かに坐ることによって得られる。

これが、禅をすることによって得られる境地であり、結果的にいえば、今日を生き、明日を生きる力を湧き出させるであろう。「大禅定」の力であり、この大禅定の力があるかぎり、何物をもおそれなくなる。いま話題の野球監督は、伊深で坐ったことによって、この大禅定の力を得たのであろうし、それによって、いままでの迷いもふっきれたに違いない。

もっといえば、野球というめまぐるしく変転する局面で、彼は常に「坐る」こころを忘れなかったのが勝利にみちびいたのかもしれないし、そういう動中静の定力が、采配を振る彼の決断をあやまらせなかったのであろう。

それは、勝負を超えた世界である。もちろん、野球の監督であるかぎり、つねに勝ちたいというのは本心であろうし、勝つためにこそ全精力を傾けている。けれども、ただ勝ちたい一心では、勝ちたいという気持ちにこりかたまっていたのでは、それこそ勝ち意識がわざわいすることだってあり得る。剣でいえば、生死を賭けた世界にも等しい場面である。そういう場面こそ、自分を凝視するもう一つの目が必要なのである。それを開かせるのが禅である。

そうして彼は勝った。結果的に勝った。しかし、敗けても本望だったであろう。それは、敗ければ口惜しいに違いない。けれども、彼は彼なりに、全知全能を傾けたのだから、敗けても本望という澄明さがなければ、勝負はできない。

いや、勝負だけでなく、人生全般、そうではないか。何物をもおそれないという心境がそれである。

自分の敗北すらおそれなくなってこその大禅定である。

あくまでも個人のさとりである

福井県下の大きな乾物屋の息子が、吉峰寺へ坐禅に来ていた。真面目な青年だった。もちろん、禅を修めることによって、大いに家業を繁栄させようというような、変な野心はない。それどころか、商売のほうは、まるで自信がない様子だった。すべて、父親の指図どおりに動いていたようである。

その父親が急死した。困った、と彼は、お寺へやって来て言った。

「自分は、とても店を継ぐほどの器量はない」

私は、その控え目なところが、彼の美点だと思っていた。やれるやれる、と勇気づけ、いつものように「本来無一物」と書いた色紙を激励のためにあたえた。その覚悟でやってほしいという願いである。親から大層な資産を譲り受けたと思うから、荷は重いのであって、人間本来無一物という自明の理に踏まえれば、これほど軽やかな心境はあるまい。

しかし、彼はまだその段階で逡巡していた。ただ一つ、聞きたいことがあるという。

それは、日頃、私がいっていた、人間は足マメ、手マメ、口マメでなければならぬということについて、足や手には誰にも負けぬ自信はあるが、口だけは、人一倍「口下手」で、どうしようもないというのである。

私は即座に、それこそあんたの「徳」であろう、といった。口マメといっても、かならずしも饒舌と同義ではない。おしゃべりな人をいうのではない。むしろ寡黙な人の、誠実な言葉こそ、より人を動かすであろう。それが「徳」というものである。

これはこじつけだが、「徳」という字をよく見るがいい。行人偏に十四の一心と書いてあるではないか。十四年間、一つの心をもって行えば、かならず得るものがあるであろう。もし、最初の十四年で駄目なら、もう十四年がんばる。計二十八年がんばって、それでも得られるところがなかったら、吉峰寺へ文句をいいに来ればいい、とかねがね私はいっている。それを、この青年にもいい、要するに「一心」が大切なことを強調しておいた。

彼は、十四年も待つことはなかった。ほどなく、事業を手広くひろげ、二千坪の土地に八十人の従業員がはたらくという、この業界では福井県屈指の事業主になった。その彼は、その後も参禅に来ていたが、いつだったか財布の中から、本物の煎豆を出して、口に放り込み、これが口マメと冗談をいい、掌のマメと足の裏のマメを見せて、「三マメがそろいました」と笑ってみせた。

私は、たちどころに彼がその間、なにをやっていたかを悟った。彼は、口マメのかわりに、手マメ足マメで泥んこになって働いたのである。そうして、いうことがふるっている。

「なあに、永平寺のことを思ったら、真似事もできません」

彼は、禅にそういう学びかたをしていたのである。永平寺で、一番早く起きる人は、朝の一時半である。一時半から、二時間はかかる掃除をする。拭き掃除にしても、雑巾一枚で用を足すのではない。それぞれ場所に応じて、上段、中段、下段と三枚をつかいわける。その仕事をすませて、三時半になると、みんなを起こす。遅いものでも、三時半には起床して、日課がはじまるのである。彼は、それにならったのであろう。

ことわっておくが、ここで、禅の効用を述べようというのではない。彼のように、禅をすれば商売がうまくいきますよと、すすめているのではない。要は頑張りなのである。禅をすれば多少とも頑張りがきくということを申しあげたいのである。そこには、頑張って頑張って、頑張り抜いて、結果は問わないというさわやかさがなければならない。

金儲けのためにする阿修羅のようになるのは、誰だってできる。しかし、金儲けという旗手が鮮明であればあるほど、その目的を達せられなかったときの落胆は大きい。

ところが、金儲けではなくて、自分が自分にあたえられた、あるいは自分のえらんだ道を頑張り抜くこと自体、そのことが「徳」を積ましてもらうのだと思えば、落胆も悲観もすることはない。働けど働けどなお暮らしが楽にならなくても、それでもいいのである。

久保という青年がいる。私が富山の光厳寺時代、幼稚園に通っていた。それが、大学へすすむ年配になって、ひょっこり、吉峰寺へたずねて来た。聞けば、その後、両親を亡くし、大学へすすみたくても学費もないという。それで母の実家へ行って、学資に見合う程度の財産をわけてもらえないかと、掛け合ったところ、にべもなく門前払いを食わされたという。

「結構ではないか」

と私はいった。本来無一物、といったって、人間なかなか、無一物の心境になれるものではない。それを、あんたは綺麗さっぱり無一物になれたのだから、これほどの幸せはあるまい、といってやった。

それから、一、二週間して、彼は大きなリュックをかついで、再び吉峰寺へやって来た。転がり込んできたのである。本来無一物の実践である。禅僧になるつもりはないらしいから、居士である。居士ではなく、ココウです、と彼は駄洒落をいった。

ココウ、つまり「居候《いそうろう》」である。といっても、三杯目にはそっと出し式のいじけた居候ではない。朝は四時に起き、昼間はお寺の仕事をし、夜は、十二時から一時頃まで勉強する。何を勉強しているのかと聞くと、自分のように悩んでいるものが世にはたくさんいるから弁護士になって人助けをするという。私は、その気宇を壮とした。

大学も出ないで、独学で弁護士になるなんて、夢みたいな話ではないか。それも昼間は、寺男のように働き、しかも一日四時間の坐禅をして、それでなお、大学出の秀才しか通過できないとされている難関を突破しようというのだから、凄まじい。

しかし、気宇壮大だけでは、世の中、通用しない。そうして二年間、頑張って、金沢へ試験を受けに行ったが、見事に落ちた。だが彼は、すこしもへこたれない。やっぱり、正規の学問をしなければ駄目だったということがわかっただけ収穫でしたといい、東京の中央大学の二部（夜間部）を受験して、このほうは通った。ちょうど、地元出身の人が東京で活躍していたのでその人に就職をたのんだ。

東京での生活も禅堂の生活と変わらなかったらしい。昼は働き、夜六時から九時まで大学、そのあと十時頃から、千五百円で買った中古の自転車で上野駅の周辺に行き、紙屑を拾う。それで一日百円ほどの収入が得られるという。なぜ、そんなにまでして働くかといえば、やはり夜間部では満足できなくて、昼の部に移りたい一心で、お金を貯えているのである。

二年ほどして、彼に会ったら、もう二十万円ほど貯《た》まりましたといっていた。

その後、昼に移ったという話を聞いたが、大学を出て、弁護士試験にパスしたかどうかわからない。わからないということは、まだ、初志を貫徹していないのであろう。彼から何かいってきたら、いいではないか、といってやろうと思っている。

「徳」の字でいうなら、まだ彼は初心を抱いて、十四年にはならないのである。まだまだ、これからなのである。

そうして、徳の字の一クールを過ぎてもなお念願の弁護士になれず、二クールにしてまだ資格を取得しえなくても、彼はまた、それをも良し、としなければならない。彼は、頑張ったのである。弁護士になるという、目標のおかげで、頑張らせていただいたのである。その間、彼は、誰にも負けない充実した人生を、たしかな足どりで踏みしめてきた。そのたしかな足どりこそ「定力」であり「大禅定」心にほかならなかった。すべては、それでいいのである。

＊

この項の冒頭で、私は不用意にも、禅は世間にとって、無用より有用のほうがいいに決まっている、と発言した。不用意というのは、ほかでもない。有用という言葉をとり違えてもらったら、大いに困るからである。

有用とはなにか。

たとえば、企業で有用な人間といえば、企業を大いに儲けさせてくれる人間であり、そういう陣頭に立って働く人でなくても、最低限、企業の管理に、きっちり当てはまる人であろう。もっと端的にいえば、社長を頂点として、上司の思い通りに動いてくれる人間であろう。

そういう人間になってくれることを、企業では、「人間形成」と称する。なんという傲慢であろうか。自分の思い通りになる人間が有用であり、思い通りにならぬ人間は無用と斥ける、そのために「人間形成」するという。そういう人間形成に禅が役立つとするならば、それは、企業にとっては「善」であろうが、形成されたナマの人間にとって、これほどの「悪」はない。

禅の有用とは、そんなちょこまかした、ちいさなちいさな世界に人間を閉じ込めることではないのである。禅は、あくまでも個人の「さとり」であり、全体の中での矮小《わいしょう》化とは、本質的に違うのである。

だから、そうした、期待を込めての「人間形成」のための新入社員教育に、禅が利用されるなんて、真っ平である。これほど、禅を悪用することはないからである。

そのような野心、もしくは意図をもって来られた人に、私は、いつもつぎの言葉をのべて、返事にかえている。

「達磨大師、梁《りょう》の武帝に見《まみ》ゆ。帝問う。朕《ちん》、寺をたて僧を度す。何の功徳がある。達磨いわく、無功徳」(葛藤集)。

ガキは大いに叩いてやれ

子供のときこそ鍛えよ

四十年もまえだった。

私が富山・光厳寺の幼稚園をあずかっていた時代である。園の運動場は、光厳寺の境内地をつかっていた。一定の境界はなく、子供たちの遊びまわる範囲が運動場であった。境内に樹齢千年はかぞえようかという老松があり、根っこのところを仕切って、砂場にしていた。砂場には、いつも子供たちが遊んでいた。

夏だったと思う。子供たちが遊んでいるところへ、頭上から雀の子が降ってきた。たぶん、松の枝に巣をつくっていたのが、なんかのはずみで落ちたのであろう。数人いた子供たちは、最初おどろいた様子で、まだ飛び立つこともできぬ雀を見守っていたが、そのうちの一人が、こわごわ手を出して、雀の子を拾い上げた。

ちょうど、四、五間離れた場所に私はいた。「事件」を目撃して、事件そのものよりも、子供たちがそれにどういう反応を示すかに関心を抱いた。ここは、お寺の幼稚園である。普段から、ちいさないのちをいたわるように教育をしている。その教育の成果をためす、得難い機会だった。

ところが、どうだろう。拾い上げた子は、その小さな手で、小さな生き物を、ひねり潰そうとしたのである。私は、咄嗟に飛んでいき、その子の首根っこを、摑まえた。柔剣道の心得のある私は、「急所」は外していたけれども、かなり、きつくつまみ上げたようである。子供は、悲鳴を上げ、手の雀を放した。私は、しかし、許さなかった。子供は、身をもがいて苦しんだ。

「どうだ、痛いか」

「痛い」

私は、やっと、手をゆるめた。

「雀は、もっと痛かったかもしれん。おまえが痛いように、雀も痛いのだ。わかったか」

「わかった、わかった」

たぶん、そんなやりとりだったと思う。たぶん、というのは頼りない話だが、私は、その事件をすっかり忘れていた。幼稚園をあずかっている時代、それに類似する出来事はいくらもあり、そういえば私は子供たちにとって、かなり荒っぽい「先生」だったようであり、いちいちおぼえていたのでは、キリがなかったからである。

それを思い出させてくれたのは、当の本人だった。四十年以上もたって、五十歳ちかい立派な紳士になって、吉峰寺へ訪ねてきた。訪ねて来て、いきなりその話題になった。昔話のついでにではない。ついでに、ではないところに、ご本人の体験の重さがあった。

彼はいった。

「五十年の人生で、あれほど恐かったことはありません」

それはそうだろう。恐い目にあわそうとして、私はそうしたのであり、幼な心に、恐かったという印象をあたえぬような体罰なんぞ、屁のようなものだからである。

なんでも人間、呱呱の声をあげてから死に至るまで、もっとも頭脳の発達する時期は、四、五歳の頃だという。幼稚園、保育園の時代である。仏教では「識」という。人生の根源を認識することであり、具体的にいえば、心が対象を認識する作用である。その作用が、もっともはげしくはたらく時期に、子供は、人間として鍛えておかねばならぬ。

ことわっておくが、私はここで「体罰万能」をいっているのではない。なにがなんでも、体罰を加えようというのではない。もしそのような嗜虐的な親や教師にかかったら、それこそ子供は歪んでしまうであろう。まっすぐに伸びるべき樹木がまるで、庭園の松や、あるいは、盆栽のように、いじけて、ちいさくまとまってしまうであろう。

そうではない。まっすぐ伸ばすために、時には成長を阻害する無駄な枝をはらってやらねばならないのである。

子雀の事件についていえば、私がもしそのとき、子供の手から雀をとりあげて、やさしくたしなめていたとしたら、どうだろう。おそらくご本人は、その教訓を忘れてしまっていたに違いない。思い出すことも、なかったはずである。思い出すどころか、ちいさな生き物を痛めつけようとしたとき、その「痛み」に思い至らすことも、なかったであろう。

いささか自画自讃になるが、私がそのとき彼にあたえた「痛み」の体験は決して間違ってなかったと思う。

本来「識」とは、そうでなければならない。

識とは、知る、の意であろう。知る、といってもいろいろ度合いがある。漠然と知っておればいいことから、身にしみて知らなければならないこともある。要はその価値判断であろう。他愛ないいたずらをしたからといって、いちいち骨身にこたえるような罰をあたえていたのでは、子供がたまったものではない。

大事なのは、体罰とは、断じて「報復」ではないということである。

子供の悪さが、大人を困らせたからといって、カッと逆上して、思わず手の出るのは、これは「報復」である。しかも、これほど理不尽な報復はない。そうではないか。体力的に劣っている幼児と大人とでは比較にならず、それが対等に応酬することは、本来、あってはならないことである。

ここのところを混同するから、幼児教育における体罰の是非論が、本気で論議される。先生が生徒を殴ったという、ほんの市井の片隅の出来事が、新聞に大事件として報道される。その出来事を、新聞記者が報じる姿勢の根底にも、評論などという無責任きわまる発言をする人の胸の中にも、なにがなんでも暴力はいけませんという安易な理解がある。

馬鹿をいっちゃいけない。人生の重大事を、子供に「識」として植えつけるには、言葉で補いきれない場合もあり得る。体罰は、大いに加えればいいのである。ただ報復はいけない。

先生が生徒を殴ったという話なら、まだいい。このごろは、どうであろうか。逆に、生徒が先生を殴ったという、とんでもない新聞記事におめにかかる。なかには集団で、教師をとり囲んで、足腰が立たぬほど暴力をふるうというのも、珍しくなくなった。これは、生徒の「報復」である。生徒が、教師に対して、気に食わぬことがあったから、腕力に訴えてきたのである。

最近、中学生も高学年になると、体力だけなら、ちょっとした大人も歯が立たぬほどに成長をしている。陳腐な感想だが、体力だけが伸びたのである。その体力の行使の何たるかを知らぬまま、大きくなったのである。

殴られた先生には気の毒だが、これは教師の責任であろう。この子の幼児期にめぐりあった先生が、よほどいい加減だったのであろう。全身全霊で生徒をたしなめねばならぬとき、見て見ぬふりをしたのであろう。この教訓は、体力的に優っている時期しか通用しないのである。その時期に、体力の尊厳を教えておかねば、相手に体力ができると、たいへんなことになる。事実、教師が生徒に殴られる時世なのである。

まともな教育を受けた子なら、成長とともに人生、体力の強さだけではないという素朴な道理に眼が開けるであろう。はじめ、体力的に畏伏していた教師に、やがて人格に心服するようになってくるであろう。教師は、心服されるだけの人格を具えなければならぬ。人格と誠意でもって、全身全霊で、生徒を薫育しなければならぬ。

一昨年の正月だった。福井県武生にある工業学校の校長が、吉峰寺へお詣りに来た。かねがねその学校は、いわゆる問題校だと聞いていた。その校長は、毎朝四時半に起きて、般若心経を百回読誦してから学校へ行くという信心ぶかい信念の人だから、その人だったら、なんとかやるだろうとは思うものの、それにしても、たいへんなところへまわされたものである。しかし彼は、それを天職と心得、大いに取り組んでいたらしい。

吉峰寺は、正月におまいりに来た人に、赤餅を一つずつ配っている。ところがその年、校長は、もう六つくれないだろうかという。生徒にもわけてやるというのである。私は、六つという数字にすこしひっかかったが、希望どおりにさしあげることにした。以下は、あとで、別の人から聞いた話である。

校長は、その足で、鯖江《さばえ》や今立《いまだて》の生徒の家を六軒、まわったという。六軒とは、問題生徒の家庭だった。前年の暮れに事件を起こし、学校の職員会議で処分が決まっていた。それを校長は、ひとまず自分にあずけてほしいといって、元旦早々の家庭訪問になったのである。これには、訪問を受けた家庭も面食らったであろう。面食らって、その校長の行動のただならぬ意味を知ったであろう。なんでも、そのおかげで、六人の処分は保留になり、それぞれ、立派に卒業したという。

教育者とは、これでなければならぬ。これほど傾注するものを持たねばならぬ。

私の親類筋に、高校の教諭をやっている青年がある。それが、このまえ、会ったところ、髯をもじゃもじゃに伸ばし、髪はというと、ライオンみたいに背中までかぶっている。聞けば、その男が、生徒の生活指導もやっているという。

なんたることか、と私は叱りつけた。すると彼は、にやにや笑って、生徒たちがそういう格好をのぞむのだという。カッコいいと大いにもてはやされ、生徒に人気を博するという。まったく、なんたることか、である。生徒をしつけねばならぬ教師が、これでは、生徒にしつけられている。こういう不甲斐ない教師がいるから、世の生徒たちは、ふらふらする。

「しからば」

と私はいった。

「生徒が、魔羅を出して歩けといったら、おまえはそうするか」

つぎに会ったとき、彼は普通のすがたになっていた。

「心」を与えるのが母親の役目

ここは、子供の話である。

富山の光厳寺保育園で、共同募金のお金をもらったとき、最初に造ったのが風呂場であった。風呂つき保育園など、まず珍しいほうであろう。

風呂がない時分は、七、八月の夏だけに限ったが、銭湯の女湯を午前中借り切って、子供たちを洗ってやった。園長の私から、先生全員、それに手の空いているお母さんがたにも手伝ってもらって、ごしごしと洗う。ところが、先生やお母さんがたは、どうしてもよその子の世話をしているというので、遠慮がちになるのだろうか。私だけ、容赦なく、手荒く扱う。すると、子供というのは妙なもので、裸で、手荒く扱われるほうが嬉しいらしい。私に人気が集まり、しまいには行列をつくる有様だった。

これは、子供のためにもよいし、私たちにも参考になった。昨日遊んだ砂ぼこりをつけたままで来る子がいる。家庭で、じゅうぶん手を尽くしていない証拠である。なにかの機会に注意をしてやる。健康状態に疑問を感じると、医師に連絡して、診てもらうようにする。

お風呂へ入れたあとは、食事をさせ、昼寝である。本堂に布団をいっぱいに敷きつめて、枕を並べて寝かせる。子供たちはぐっすり眠る。その寝顔が、とてもいい。まさに観音さまである。他人の私ですら、見惚れるぐらいだから、肉親ならどんなものであろうか。

ちかごろの言葉で「スキンシップ」という。

そういうハイカラな言葉が流行《はや》っているわりに、肝腎の肌と肌の触れあいは、次第に疎遠になりつつあるような気がしてならない。

むかし、幼稚園や保育園は、就学前の子供に「社会」というものを、すこしずつまなばせる機会であった。

いま、すこし違うらしい。全部が全部、とはいわない。が、なかには幼稚園や保育園に行く時間を厄介ばらいのように考えて、その時間を見はからって、外ではたらく母親が増えてきたという。本人は、見はからったつもりでいても、外ではたらくということになると、なかなか思惑どおりにはいかない。自然、子供が園や学校から帰宅しても、お母さんのいないことが多い。

むかし、子供は家へ帰ると、まず「お母さん」と呼び、姿が見えないと、けんめいに探したものであった。が、いまの子供は、そのへんのところを心得ていて、「お母さんはお仕事」とまことに理解ぶかく、一人で遊んでいるという。

それでいいではないか、という反論がある。実際に、その年頃のお母さんから聞いた。

彼女はいう。いまの母親は、どちらかといえば、子供にベタベタくっつきがちだから、そのほうがいいではないか――。冗談ではない。誰がスキンシップを、べたついた関係と定義づけた。よしんば、ベタベタした関係であったって、いいではないか。ベタベタできる時期に、大いにしておくことである。

幼児期、子供は、母親の肌のぬくもりで生きている。鳥が鶵鳥に餌をついばんでやるのと一緒である。口うつしに食べさせてやる時期があるから、鳥は巣立っていく。人間も同様ではないか。その時代に、じゅうぶん肌であたためてやってないから、子は、いつまでも巣立てない。あるいは、親が放せない。

自分より図体の大きい息子の大学受験に、ちょこまか蹤《つ》いていく母親がそれであり、卒業式にまで「保護者」を必要とする風景がそれであろう。見苦しく、いつまでも成長した伜や娘につきまとっているよりも、傍にいてやらねばならぬ時期にはせい一ぱい保護してやり、あとはあっさり距離を置くのが、自然の理にかなっている。

外ではたらく母親の多くは、はたらかねば食えないからだという。なかには、そういう人もあるだろう。母子家庭とか、父親が病んでいるとか、そういう悪条件を背負って、けなげに生きている人も、いるにはいる。そういう人に、なにがなんでもスキンシップを強制するのではない。出来ないものは出来ないのであり、むしろ幼児期の子供には、あたたかなスキンシップよりも、きびしく生活に立ち向かう母親の姿を見せつけたほうが、いい教育になることだってあり得る。

しかし、どうであろうか。実際に調べたわけではないが、はたらくお母さんの多くは、さほど切羽つまった状況のなかでの共働きではないらしい、といわれる。食えない、というのは、実は一家が飢餓状態におちいるというギリギリの生活ではなくて、人並みに暮らしたいという、願望が根底になっているのではないか。ここでいう人並みとは、いわゆる健康で明るい文化生活であり、豊かな生活である。

豊かな、とは、何であるか。

「もの」である。牛肉のカケラを探しても見当たらぬようなカレーライスより、分厚いビフテキがいいに決まっている。そのほうが豊かな、ということになる。

けれども、どうであろうか。「もの」の豊かさが、すなわち、人間の暮らしを豊かにするか。経済的に、金銭的に恵まれさえすれば、人は、幸福であるか。

余談になるが、敗戦直後の新聞に載った、読者の詩を、私は忘れない。こういうのである。

今の世の中に、魔法はないものか。
焼けた建物が元にもどるような。
石ころが芋になるような。
魔法の杖は、アラジンのランプは、打出の小づちは、この世にないものか。
出てくれ、出てくれろ、現代の魔法つかいよ。

われわれを含めて、その時代の人は、そんな夢をもっていた。まさに夢であり、夢が実現するというような、たしかな期待感はなかったといってよい。ところがいま、その夢が現実のものとなったのである。魔法つかいがいたのである。魔法つかいは、魔法でもって、どんどん物質をわれわれの前に送り込んでくれたが、反面、その時代の大切にしてきた、夢をうばった。

また、こんな詩もあった。

エンピツがなくたっていい。
紙がなくたっていい。
ケシゴムがなくたっていい。
みどりの草原にねころんで、青い空に指の白墨で字を書こう。
そうすれば、雲の黒板ふきが消して行ってくれる。

なんという豊かさであろうか。なんという心のひろがりであろうか。「もの」の氾濫は、こういう心のひろがりを、むざんに奪ってしまった。同時に「もの」に対する、感謝のこころもなくなった。

ムカシ人間は、ものを大切にした。おばあちゃんは、「もったいない」ということを口ぐせにする。孫にむかって、おかずを食べ残したり、ごはんをこぼしたりすると「眼がつぶれる」とおしえる。

すると、ものの氾濫の中に生きている孫たちは、口をとがらして反論するであろう。それは迷信である。もし、迷信でないというなら、おばあちゃん自身、眼がつぶれるまで、ごはんをこぼしてみてはどうか。その実験が成功した暁で、おばあちゃんの教訓を是とするであろう。なるほど、肉眼は、そんなことでつぶれる道理はない。しかし、そういう反論が出ること自体、「心の眼」がつぶれている証拠ではないか。現代の魔法つかいは、人の夢を奪っただけでなく、心眼まで潰してしまったのである。

心眼をつぶされた親たちは、「もの」さえ子供により多くあたえれば、豊かであると錯覚している。より多く、「もの」をあたえるために、大切な子供との心の触れあいを犠牲にして、金銭を求めるために血眼になる。

親にカセットやカメラが欲しいとせがんだのに、買ってくれなかったと悲観して、自殺した高校生がいた。親を責める気はないが、おそらくこの親は、右の作法を是としていたにちがいない。どしどし「もの」をあたえて、子供の喜ぶすがたに酔っていたにちがいない。その間、子供は、そういう「もの」にとり囲まれて生活するのを「人並み」と認識するようになっていたのであろう。

人並みに暮らせないなら、死んでしまったほうがマシだ、という人生観が育っていったのであろう。カセットやカメラも当然あたえられて然るべしと思っていたのであろう。そこへ「ちょっと待ちなさい」と親はたしなめた。そういうわずかな、蹉跌《さてつ》が、若者を死においやった。「もの」ばかりに目を奪われていた悲劇である。

子供の問いかけをおろそかにするな

四、五歳の幼児は、知能の発達が著しい証拠に、大人の想像もつかぬような質問を発する。そういう懐疑を抱くのである。この懐疑と、大人の返答がうまく嚙みあえばよい。嚙みあわないときは、大人たちは閉口したあまり、「屁理屈をいうな」といって逃げる。

しかし、その問答を聞いていると、子供たちの質問が理不尽な屁理屈どころか、屁理屈と斥ける大人の態度に、理にかなわぬことのほうが多いようだ。だいいち、大人ならなんでも知っていると心得ている子供心の可愛げこそ、賞でてやるべきで、こたえに窮したからといって、切り捨て御免にするのは、非礼というものであろう。

これも、吉峰寺での見聞である。

ある日、思うところがあって、独り本堂の片隅で坐禅をしていると、ちいさな子供連れのお母さんがおまいりに来た。むこうからは、ちょうど死角で、こちらの姿が見えない。構わずに坐禅をつづけていると、お母さんは、型通りに小銭入れをとりだして、賽銭を投げ入れた。

子供はすかさず、なんでお金を入れたかと聞く。母親が、あれは仏様にさしあげたのだと答えると、その子は、仏様はお金をつかうのか、と問いかえす。あれは、木でこしらえたものではないか。どうやって、お金をもって店へ買いに行くことができるのか——。

母親は、大いに困惑したらしい。困惑したあげく、それは夜になると……といった。夜になると、お寺のお坊さんが、賽銭箱を開けて持っていく、と話した。

夜になると、というのが、いかにも面白い。暗夜、こそこそとやっているという感じがよく出ている。だが、子供は、そんなことで承知しない。それでは、お金は、お坊さんがつかってしまうのだね、と念をおし、何につかうのか、とたずね返した。それは……お米や野菜を買うんでしょ。

ここで、世のお坊さんの名誉のためにつけ加えておかねばならないが、お賽銭で、お坊さんの口を養えるというのは、よくよくのお寺であろう。吉峰寺ほどのお寺でも、お賽銭は、仏前の灯明代か、お香代の一部にもならない。せいぜい、その程度のものである。別に、お賽銭を軽視するわけではないが、ここはせいぜいその程度ということに注意していただきたい。

母親と子供の問答はつづく。それならば、と子供はおっかぶせた。こんな箱の中に入れないで、なぜ直接お坊さんに渡さないの。

私は、このとき、大いに母親のこたえに期待した。それはそうであろう。お賽銭といえば、いまだに十円が相場である。現世利益のお寺やお宮さんなら、千円や一万円札を無造作に投げ込むところがあると聞くが、そういうご利益を看板にしてないところでは、せいぜい百円が大奮発で、普通は十円玉一つである。

その十円玉一つを、恩着せがましくお坊さんに手渡している情景を思い浮かべていただきたい。もちろん、貧者の一灯ということがある。施しをする場合、ただ、十円という貨幣価値だけで評価してはならないことは、まえに述べたとおりである。とはいっても、普通、お賽銭というのは、いっては悪いが捨てるも同然の心境で投げられるものであろう。

もし仮に、路傍に財布から硬貨をちらかしても、あと十円が不足していると、正確にかぞえられる人があるだろうか。その程度の金額なのである。とても、じかに「施しをします」と宣言して、手渡せる高ではない。

それでも、布施は布施なのである。仏様に施物をするという尊い行を、わずか十円で、しかも何のこだわりもなくやらせていただいたのである。徳を積ませていただいたのである。これは、まったく賽銭箱という仕組みのおかげではないか。

そこまで思いをふくらませてほしかった。が、そのお母さんは、子供の何故ゝゝゝ攻めに、とうとう癇癪を起こした。

「そんなこと、どうでもいいじゃないの」

この場合、どうでもいい、というのは、お母さんの側の一方的な交渉打ち切りである。子供が屁理屈をいうのではなしに、親の理不尽な拒否である。

考えてもみてほしい。子供の「何故？」は、常識という強固なカラに保護された、大人の思考を、うち破るものではないか。硬化した大人の頭をやわらげる、得難い機会ではないか。この機会にこそ、子供と一緒に大いに考えてほしいのである。

「同悲同泣」という。

仏様のはたらきの一つだと説かれている。世の親もまた、そうであってほしい。子供が「何故？」と聞きだしたときに、せめてクイズを解くような気分で、問題から逃れずに取り組んでやってほしい。

　吉峰寺で時折、子供をあずかったときなど、たとえば戸の開け閉めは、立ったままで乱暴に閉める。「戸は、坐って閉めよ」と作法を教えると、

「ぼくとこなんか、ドアだから、坐って閉められん」

と、こうだ。人は、屁理屈と片付けるだろうが、私はそうは思わない。その子には「わが家」という体験しかないからそうなのであり、それで普通なのである。この場合、やがて、もっと広い体験に出食わせなければならぬであろうことを、教えてやらねばならない。よその家には、障子があり、その障子の開けたては、行儀よく坐ってせよということを知らしめねばならない。

　親は、子と一緒に体験をすすめてこその親である。とりわけ、母親は、そうであって欲しい。この二人三脚の気風は、共働きによるより豊かな経済生活を犠牲にしても、おつりがくるほどのものであろう。お母さんと一緒に生活していくという子供のたしかな感触は、この時期でなければ味わえないのである。

　このことは、せめていま流行りのインスタント食品ではなく、お母さんが、トントンと俎《まないた》を叩く音で目醒めるという生活から始めて欲しい。

そうした暮らしの中にこそ、「同悲同泣」の世界がひろがる。子供の喜びは、自分の喜びになり、悲しみは、共に悲しむのである。これは、幼児期だけで卒業するのではない。

吉峰寺によく参禅に来る夫婦の子が、大学受験に失敗して浪人した。二流、三流の大学なら入れたのだろうが、あくまでも一流をめざすという初一念を貫くというのである。

父親は、無類の酒好きだった。それが、息子の受験失敗を機に、ぷっつりと酒もタバコも断った。翌年、その夫婦が、こぼれんばかりの笑顔でやってきて、息子が無事、国立大学にパスしたことを報告した。お寺にちょうど到来物の珍しい酒があった。それを二本、ひょうたんに詰めて、お祝いにあげた。あとで父親は、あのときほど旨い酒を飲んだことはなかったと礼状を寄越した。

父親は、息子と受験の苦しみを共有したのである。そのおかげで、合格のよろこびも共有できたのである。

社長は便所掃除をせよ

「行」が変える人間の運命

昔、私は師の頑牛から、こんな話を聞いた。

有名な八卦見がいた。百発百中だといわれた。ある日、表を通りかかった若い娘を見て、あの娘は三日後に死ぬ、といった。友人が居合わせて、聞きとがめた。あんな元気そうな娘が死ぬはずはない、と反論した。いや、と八卦見は太鼓判を捺した。私の目に狂いはない、あの娘には、死相があらわれている——。

友人は、娘を蹤けていき、家をみとどけて戻ってから、八卦見と賭けをした。八卦見は、死ぬほうに賭け、友人は、死なぬほうに賭けた。

三日した。八卦見は、いまごろあの娘の家では、娘が急逝して大騒ぎになっているだろうから、見てこいと友人にいった。友人が見に行くと、娘の家では、葬式の準備をしているどころか、まったく平静である。友人が拍子抜けして、暫く見守っていると、ご本人の娘が出てきたではないか。

友人がその通りに報告すると、八卦見は信じられぬという顔をし、自分でたしかめるといって、娘の家までやってきた。娘を見て、八卦見は仰天した。たしかに、問題の娘である。しかも、おどろいたことに、三日まえにたしかにみとめた死相がすっかり消え去っているではないか。

八卦見は、この三日間のあいだに娘に「運命」を変えるような何事かがあったに違いないと思い、その間のできごとをすっかり話してほしいと頼んだ。娘は、何も「事件」はなかったといった。いつものように起き、いつものように仕事をし、いつものように就寝した。何も変わったことはなかったという。しかし、八卦見はあきらめきれない。もう一度、思い出してほしいとせがんだ。何か、いつもと違う出来事があったはずだ——。

そういえば昨夜……と娘はいった。いつものように使いに行き、帰り途、用を足したくなり、公衆便所に入った。便所は、ひどく汚れていた。が、我慢ができないほどではなかったので、娘はそのまま帰ってきた。帰ってはきたものの、どうにも気になってならない。そこで夜、寝る前になってから、道具を提げて公衆便所にひきかえし、すっかり掃除をした。便所は綺麗になった。これで後の人も気持よく、用が足せるだろうと思うと、心も晴れ晴れし、おかげで昨夜は、ぐっすり眠れたという。

「それだ」

と、八卦見は膝を叩いた。その晴れ晴れした心があんたの相を変えたのだ。相を変えただけでなく、夜中に陰徳を積むことによって、運勢まで変えてしまった——。

私は、かならずしも「八卦」というような類いのものを信じないし、そういった意味での運命論者ではないが、師匠から聞かされた数多くの話のなかでも、これは、好きなほうである。なにがいいといっても、便所掃除という誰にでもできる「行《ぎょう》」が、人の運命を転換させたという単純明快さがいい。しかも、この作り話には「徳」ということをおしつけるときに伴いがちな一種の暗さがなく、おおらかであるという点でいい。

師匠も、そのおおらかさが気に入って、私に話して聞かせたのであろう。

いうまでもなく、禅は、ことのほか作務《さむ》を貴ぶ。どちらかといえば、坐禅や看経《かんきん》(読経)より重視されるといっていい。ひとくちに作務といっても、私が伊深の正眼僧堂にお世話になっていた頃に体験したような、大土木工事から庭の草むしりまで、やろうと思えば、幅ひろい仕事が待ち受けている。

とりわけ、雲水がモッコをかついで土運びをしている風景は、壮観である。絵になる。いまの言葉でいえばカッコいい、というところであろう。

しかし、そのような土木工事が、いつもあるわけではない。全国の、すくなくとも専門道場といって、雲水の修行機関をもつ禅刹という禅刹が、常時、土木事業を起こしているぐらいの壮気にあふれていたら、同門人として、これほどの慶事はないのだが、娑婆は、そうはうまくいかない。それに、そういう力仕事は、年老いてくると、かえってほかの人の迷惑になることだってあり得る。そこで自然、いつでも誰でもできる作務といえば、寺内の掃除になる。

禅寺をあつかった記事を読むと、ほとんどといっていいほど掃除がゆきとどいていることに驚嘆しておられるが、冗談ではない。掃除のできていない禅寺など、禅寺でもなんでもなく、ただの居住空間にすぎなくなるであろう。

禅寺がすがすがしいのは、たとえていえば、坊さんがお経を誦《よ》むのが当り前以上に当り前であり、なにもおどろくにあたらない。それよりも、同じ禅寺を見ていただくなら、チリ一つ落ちていないとか、箒の跡も美しいといった、使い古された言葉ではなく、もう一つ、たしかなところを、たしかに見てほしいものである。

便所である。

禅寺の「急所」は便所にあり、便所は東司《とうす》といって、ただ排便をするという、人間の生理的要求にこたえるだけでなく、修行の場所なのである。言葉はきたないが、禅宗では糞《くそ》を垂れるのも修行である。その修行の場を見てほしい。

二、三年まえだった。私は正眼僧堂で修行した縁で、いわば、その同窓会というべきものが集まる会に招かれた。静岡県の方広寺だった。

老師のなかに、正眼時代の先輩のかたがおられた。普通だったら、やあやあ、ということになる。ところが、ちゃんと正坐して、手をついてのお迎えである。それが物凄い緊張感のなかでなく、ごく自然に出ている。

曹洞宗から参加したのは私一人だったが、当時の妙心寺管長の梶浦逸外老師と、現在の正眼寺のお師家さんと私は、別室へ通された。雲水の扱いが、すがすがしくていい。

このお寺は、なにかある、と私は睨《にら》み、特に用を足したいことはなかったが、便所を覗きに行って、さすが、と打たれた。隅から隅まで、磨きあげられただけでなく、小のほうの便器に、青々とした、杉ッ葉が入れてある。

なんという心にくい気づかいであろうか。見た目のさわやかさ、だけではない。しぶきがはねかえって、客がつい汚してしまうということにまで、心をくばっているのである。この便所掃除は、雲水まかせではなく、たぶん、一山をあずかるお師家さんみずからなさるのであろう、と思った。

それにちがいないと思った。

禅寺は、そうでなければならない。

現在、永平寺の貫主であり、曹洞宗管長でもあった秦慧玉《はたえぎょく》禅師は、やはり、十三歳の年から正眼僧堂で修行をされたそうだが、このときの師家であった、川島昭隠老師（故）は、率先して、便所掃除に精を出しておられた。それが、身にしみていたらしい。永平寺へあがって副貫主になられてからも作務をおこたらず、とりわけ、便所掃除には、入念にやられるので、侍者《じしゃ》や行者《あんじゃ》が困ったという話がある。

この場合、困ってもらっては、困るのである。一山の管長といえども禅僧は禅僧であり、日頃、作務をおこたらないでこそ禅僧というものである。

吉峰寺を再興された、田中仏心和尚も、永平寺の便所掃除を亡くなるまで続けられた。旅に出るときは、便所掃除用の雑巾を油紙に包み、どこの家、どこの宿に泊まっても、夜間、こっそり、便所掃除をしたという。

随処に主となる、である。

仏心和尚にとっては、行く先々、みんな修行場所だったのである。便所掃除をしない禅僧なんて禅僧の形をしているだけで、ヌケガラみたいなものである。

「陰徳」は人に見せるものではない

師の頑牛がしてくれた話に戻る。私は、この話が好きで、お寺に来る人の誰彼となく語ってきかせることにしている。すると、たいていは、まさか、という顔をする。嘘でしょう、と口に出していう人がある。

「嘘ではない」

と私は、確信をもってこたえる。そして、「そういえば、あんたの顔にも死相があらわれておるぞ」と真顔でつづけることにしている。

この言葉は、かなりこたえるらしい。そうであろう。お前は、今夜か明日、死ぬかもしれない、といわれて心地よい人はいるまい。しかも、それは決して「嘘ではない」のである。そうではないか。生死事大、無常迅速である。人は、誰も、明日の命を保証されていないのである。今夜、ぽっくり死ぬかもしれないのである。

この本を読んでいる人が、本を伏せた拍子に、心臓マヒにおそわれることだってあり得るし、乗り物の中でなら、つぎの頁に、移るか移らないかの間に、ドカーン、と来ないともかぎらない。人の命は、つねにそうなのである。人はいつも「死相」を面《おもて》にして歩いているといっても、決していいすぎではないのである。

――だから、便所掃除をせよ。

とまではいわない。せめて、その娘にあやかりたかったら、便所を掃除してみよ。自分もさっぱりした気になり、これで人にも喜んでもらえると思ったら、これにまさるよろこびはあるまい。これこそ「徳」のよろこびであり、このよろこびを味わったら、明日に死すも可なり、であろう。

吉峰寺で、嫁入り前の娘をあずかったことが何度かある。まず、私が便所掃除をしているのに、おどろく。おどろいて、自分もしなければ悪いと思って、手伝いはじめる。中には、私がしますから、とおしとどめるものもいる。この場面、ことわっておかねばならないが、私にもし、娘を「教育のため」というヘンな下心があったら、すべては、ぶちこわしである。

私は娘たちに、そうして、便所掃除をしてみせているのではなく、普段の日課のままに、やっているのでなければならない。だから、私はそんなときに、おだやかにいってやる。

厚意はありがたいが、私の修行の邪魔をしないでほしい――。

娘は、ほとんど戸惑うが、やがて、寺内に便所は一つではなかったという簡単な現実に気づく。娘は、雑巾を手にし、便所へ走る。そういう日課が板についたところで、私は娘たちにいってやる。

嫁入りするときに、余計な道具は要らない。雑巾が二枚あればよい。一つは、普通の、一つは、便所掃除用の……。そうして、陰ながら、人様に気持ちよく過ごしていただくために労を惜しまぬ嫁になれば、これにまさる幸せはあるまい。

一般の信者にも、同じことをいう。特に、社長とか、管理職にある人に、その心構えがほしい。

まえにも触れた、福井県下で一、二をあらそう乾物屋へ行ったときのことであった。小用を足しに行くと、男用の便器の中に、マッチの軸が落ちている。私は、そのままにして出ようとしたら、若主人が入ってきて、自分も足そうと思ってその異物を見つけた。私が、手を洗いながら見ていると、彼はひょいと手でつまんでゴミ箱へ捨て、その手をごしごしと石鹸で洗い出したのである。

ごく自然な動作であった。そのとき私は、あぁ、できているな、と思った。彼は、ひそかに便所掃除をしているに違いないのである。それは、人のためにやっているのではなく、自分のために、させていただいているのである。そのよろこびを、よろこびとしているのである。

ここのところ、間違えないでほしい。

やはり、吉峰寺へ参禅に来ていた、ある中小企業の社長だった。私の話を聞いて、それはいいことを教えられた、といって喜んで帰っていった。二、三か月して、こんどは、得意満面でやって来て、便所掃除の「効用」を、とくとくとして語りだした。

彼は、早速、便所掃除をはじめたそうである。昼休みになると、雑巾とバケツをもって、社内の便所を一つ一つ回りだした。はじめは、社員一同知らん顔をしていた。当世風というものであろう。暫くすると、社員に微妙な変化があらわれた。みんな、もじもじしだしたそうである。そうして、また暫くして、社員の総意でもって、便所掃除はみんなが交代でやるから、社長は、手を引いてほしいといってきたという。

そこで彼は言葉を継いで、便所掃除をするようになってから、社員たちの社長を見る目が変わってきたといい、なんだか、ビリビリするようになったといい、それもこれも方丈さん（私）のおかげであるという。私にとっては、はなはだ片腹いたい結果である。私は即座にいってやった。

「それならば、仕事をかえたらよかろう。いっそ、清掃会社にしてはどうか」

そうではないか。社員の月給というものが、会社の得る利益でもって支払われているものであるかぎり、商業主義社会下では、その拘束時間を利益追求に集中すべきであろう。社員があげて便所掃除という行為に熱中しだしたのなら、それは、会社の経営方針が清掃という一点に変わったというほかはなく、おのずから清掃会社に鞍替えしたというべきではないか。ここは、単純きわまりない道理である。

「そんな馬鹿な」

と彼はこたえた。

「馬鹿なことをしているのは、あんただ」

と私は言い返した。

おそらく、社長が便所掃除をはじめてから、社員たちは気もそぞろになり、やがて肚をくってみんなで便所掃除をやろうと自発的にいいだしたとき、それが、唯一の社長に迎合する道であるという理解におちついたにちがいない。社員は、便所掃除をするという一点に緊張関係を置き、肝腎の仕事において緊張関係がゆるむのは、それはもう、物理的としかいってみようがない。それはみんな、あんたのせいである。あんたの虚喝《ハッタリ》の罪である。あんたが、前後をわきまえず、「徳」ということの意味をとり違えて、当てつけがましく便所掃除という酔狂をはじめたために、会社は狂ってしまったのだ。

――しからば、徳とは何ぞ。

徳には「陽徳」と「陰徳」がある。平ったくいえば、お寺に寄進するように表むきの徳を積むのと、人知れず、おおやけの場所の塵を拾ったりして、陰でこっそりさせていただく徳である。便所掃除は、後者でなければならぬ。いや、便所掃除こそ、そうでなければならぬ。

私の師の頑牛は、伊深の僧堂時代から、ずっと便所掃除をしてきたが、なるべく人目につかないようにやるのがその工夫だった。できたら、人の来ない早朝とか夜がよい。しかし、禅堂の日課の関係で、やむを得ず昼間やらねばならぬときは、人の姿を見るとサッと隠れたという。

いうまでもない。「陰徳」はあくまでも人の陰でやってこその陰徳であり、人にかくれてやるべきであって、人に見られたら「徳」そのものが霧消するぐらいの心がけでなければならぬ。人に見られることによって、人は、人情として、「おれはこんなにいいことをしている、どうだ」という、自己を誇るこころが生じるであろう。その慢心がすべてを帳消しにする。

不浄所の清掃という行は、いわば両刀の剣なのである。

いわんや、白昼堂々と、これ見よがしに便所掃除をするなど論外中の論外であり、会社の序列でいえば上級者の頂点たる社長が、下級者の社員のまえで便所掃除をしている風景など、これに過ぐる傲慢はあるまい。

「オレがやってやったのに」では何にもならぬ

話は変わる。

私が富山の光厳寺にいた昭和五年、永平寺で第二世・孤雲禅師の六百五十回忌の法要が営まれた。光厳寺で五百人の団体参拝を募集しようということになったが、なかなか集まらない。そこで、懇意にしていただいている富山日報の社長に相談したところ、社も共催の形でたち集まり、社長みずから団体を率いて参拝することになった。

永平寺で法要に会い、そこで一泊という予定である。ところが、全国から大勢の人が参詣に来ているので、世話をする雲水も手が回らないのであろう。夕食が夜の十一時頃になり、就寝は十二時。しかも、廊下に蒲団をのべて寝なければならぬという始末になった。参詣者はいらいらし、不満がつのり、その不満は、引率者である富山日報の社長に、集中した。社長にしても、新聞社で募集した手前、社の面目にかかわっている。

翌朝、社長は雲水をつかまえて、苦情をいった。その雲水はまだ若かった。一時のことで手がまわらなかったと弁解これつとめるのみで、とても社長の怒りを鎮めることはできない。ついに、たまりかねて社長は怒鳴った。

「汝は何ぞ！」というようないいかただったと思う。汝は一介の雲水ではないか。それに対して、こちらは、やせてもかれても一新聞社の社長である。不手際だけならよい。不誠実が許せぬ。汝の如き者ではわからぬ。「責任者を呼べ、責任者を」――。

この場面、社長のいった責任者とは、おそらく、団参の扱いをする責任ある部長程度の人を指しているのであろう。すくなくとも、その程度の人に詫びを言わせねば、引率してきた参詣者に対して格好がつかない。

ところが、どうであろうか。そこへ永平寺貫主の北野玄峰禅師がトコトコやってこられたのである。禅師がやってこられたというだけで私は驚愕したのに、その禅師が、社長とはいえ、世俗の人の前へ、ばったりと両手をつき、深々と頭を下げたのである。

「まことに済まない。すべて老衲《わたし》の不徳のいたすところ――」

禅師はいわれた。

「せっかく志を抱いて参詣して来られたのに、二度と永平寺などへ来るものかという不快の念を抱かれたこと、なんといって仏祖にお詫びしていいのかわからぬ」

禅師は、社長に頭を下げた。が、実は、社長を通して、その背後に、仏や祖師を拝み、それに対して心から詫びられたのである。

　これには、さすがの社長も仰天した。おどろきは、感動にかわった。事実、これほどの「徳」に接したことはなかったと、あとで社長は述懐している。おそらく禅師は一山をあずかる身となられてからも、陰徳を積むことを忘れておられなかったのであろう。そうでなければこの真似はできぬ。人間の生理的な不浄所に人知れず這いつくばる行為が自然にできる人でなかったら、人間の精神の不浄所に這いつくばることはできない。

「思えば、私どもにも大きな考え違いがあったようですな」

　私は帰り途、社長にいったものである。

「せっかくの法会に会わしてもらいながら、このおれが参ってやったのに、という思いあがりがあったようです」

「まったく……」

　社長も同感だった。禅師の「徳」のおかげで、私たちの心の不浄所も、見事に洗われたのである。

自殺するなんて威張るな

お節介でいろんな人を助けた

福井の山寺、吉峰寺には、いろんな人が来た。ノイローゼの少年や、オートバイ泥の高校生や、シー・ジャックをはかった過激派の一味という凄いのまで来た。また、自殺未遂の若いお母さんもやって来たし、反対に、自殺か一流大学に入るかというせまい選択のなかで、身動きもつかない変な若者もいた。

それらはほとんど、お寺で起居し、坐禅をしたり作務にはげんでいるうちに、なにか憑《つ》きものが落ちたように、普通人になって帰っていった。

そんな思い出話をしていたら、いつもお寺にやって来る人が、「方丈さんもずいぶん人助けをしましたね」という。「そんなご大層なものではない」と言下にいったが、考えてみれば「人助け」とは、また、妙な言葉ではある。

人助けとは、実際に助けられた人の確認下に発せられるべき言葉であって、助けた側からは、確認するすべもない。こっちは、大いに助けたつもりでいても、相手にとっては、要らぬお節介を焼かれたと迷惑がっているかもしれず、そうだとしたら、大いに面の皮である。したがって、厳密にいえば「人助け」という言葉はあり得ず、正しくは「人助かり」というべきであろう。

そういう意味でいうなら、私はずいぶんお節介をしてきた。

もう五、六年も前になる。大阪に住む中学二年生の少年が、親戚の人に連れられて、吉峰寺へやって来た。なにをしに来たかと聞くと、ノイローゼだという。それでどうするつもりだと聞きなおすと、なんとか、お寺で治してほしいという。

冗談ではない。お寺は、精神病院ではない。それに、精神の異常を「治す」という精神が気に食わぬ。家は、なにを家業にしているか知らぬが、息子の異常よりも、家業のほうが大事であり、大事であるがゆえに、お寺へやってしまおうという親の安易さに腹が立つ。

同じタダでやるなら、健康保険の利くところへやればいいではないか。そこを、世間態とかなんとかいう、息子のためではなく、親および眷族《けんぞく》の思惑がらみで、こんな山深いところへ追いやられてきた少年が、哀れでならぬ。

とはいうものの、そこはそれ、お節介というやつである。治る、ということは請負えぬが、とにかく、常人の坐禅を指導するのと同じ要領でやってやろうといった。ちょうど、夏の盛りだった。七月、八月は、吉峰寺のような山寺でも、なんやかやと人で賑わい、時には、団体で騒然とすることもある。これでは、なんのために預かったかわからない。そこで、秋の声を聴くまで待ってもらうことにした。

九月に出直してきた。初対面ではわからなかったが、かなりの重症である。私の理解では、いうところのノイローゼ、私どもの若い時分「神経衰弱」といっていた。事実、そういう若者も見てきた。それであろう、と思っていた。ところが、かなり違うのである。どこが違うかというと、精神の衰えだけでなく、肉体もかなり衰えてござる。

その原因はやがてわかった。水は飲むが飯をほとんど食わない。食わない、というより、生理の異常で、食えないのであろう。だから体力が衰弱して、風呂にも入れない。そのくせ、急にふっと姿をくらます。どこへ行ったのだろうと探すと、お寺の参道の坂道を無心に登ったり下ったりしている。夜は夜で、眠れないものだから、廊下をドンドコドンドコ、中学二年生にしては発達しすぎた図体で歩き回る。

しかし、私は容赦しなかった。寺の者は、もうすこしそっとしておいてやりましょうといったが、私は容れなかった。そうではないか。もうすこし、もうすこし、と無為に観察をつづけている間に、少年は、飯も食わず、参道を登り下りし、夜は廊下を徘徊し、やがて体力をすり潰すようにして衰弱死してしまうであろう。

　私は、そういう彼をすこしもいたわらず、朝は早くから叩き起こし、禅堂へ連れて行き、儀軌どおりの坐禅をさせた。警策には、手心を加えなかった。昼は、作務を命じた。彼は、入山した当初、坂道を登り下りしていたひたむきさで、けんめいに、箒をあやつった。

　そのとき私は、周利槃特《しゅりはんどく》の話を思い出した。お釈迦さま在世当時の話である。お弟子に、周利槃特という男がいた。この男、生まれながらの愚鈍で、大人になっても、読み書きもできない状態だった。そういう人物が、覚者の門弟のなかにいた。ほかの門弟たちは、いぶかった。なぜ、あんな男を「弟子」として遇しているのかと口に出して聞く者もあったが、お釈迦さまは、とりあわれず、その槃特に、箒を渡して、「塵《ちり》を払え塵を払え」といいながら、掃除をするように命じた。

　槃特はいいつけ通りにした。明けても暮れても、人もいようがいまいが、彼は「塵を払え」と呟きながら、箒を動かしつづけた。はじめのうちは、みんな槃特に注意していたが、そのうちに、誰も見向きもしなくなった。槃特はしかし、掃除をつづけた。

　そんなある日、お釈迦さまは、ぽつんといわれた。私の多くの弟子たちのうち、周利槃特の心境に至るものは、いないであろう――。

この話、私は、そういう槃特の心中の清澄さをたとえて、一種の悟りに近いといわれたのであろう、と理解していた。具体的にいうなら、槃特は、掃除という行為によって、地上の塵を払ったばかりではなく、心の塵をも払ったに違いない。その心の塵のなさが、ほかのどの弟子よりもすぐれているといわれたのであろうと思っていた。

しかし、現実にノイローゼの少年に箒を持たしてみて、はじめて、釈尊の言葉がわかったような気がした。そんな、理屈っぽいものではないのである。地上の塵と心の塵とを、比喩的に、対比的にとりあげて、はじめてわかるという世界ではないのである。理由もなんにもなしに、「わかった」という世界なのである。

ノイローゼの彼には、なぜ、庭の掃除ばかりさせられているのかという懐疑はない。「なぜ」という問いかけはない。もし彼に「なぜ」という問いかけがあったら、彼はもっと早く、「なぜ」飯が食えないのか、「なぜ」お寺の坂道を登り下りするのか、「なぜ」夜間、廊下を徘徊するのか、という質問を自分自身に投げかけていたであろうし、そのとき彼は、いわゆる「常人」に戻ることができたであろう。

そういう問いかけが、あるかないか、という一点が、その一点だけが、彼をこのような山の中のお寺へ追いやったのであり、そこで私のやらせたことは、故意に「なぜ」に覚醒させることではなく、懐疑を欠如させせたまま、一つの運動律のなかに旋回せしめようというのであった。結果的には、そういう理屈になった。

その運動の中での、彼の美しさは、どうであろうか。私は、彼の美しさの中に「仏」を見た。もし私が、感激家であったなら、その「仏性」に手を合わせて拝んでいたかもしれず、あるいは、思わず拝跪していたかもしれない。しかし、私には一片の理性があった。彼を「常人」に戻さねばならないという両親の依頼である。

この場面で、彼を常人にせよという命題ほど、苛酷なことはない。その命題がなかったら、私はいつまでも、彼を寺に置いて、その彼の美しさの感動を手許にとどめておきたかったであろう。彼は、彼の評価として欠如したものがあっても、私にとっては「仏」であり、「仏」以外のなにものでもなく、その「仏」を私のものにとりこんでしまっていたであろう。

しかし、そういう思いもまた、私の傲慢であることが、やがてわかる。

彼は食欲が出てきた。麦飯を何度もおかわりするようになった。昼、作務に没頭しているので、夜はつかれて熟睡するものだから、廊下を徘徊することもなくなり、そのうちに、彼の作務の仕方が変わってきた。いままで、ひたすら箒を動かすだけだった彼が、次第に要領よくやるようになったのである。これは、常人への復帰の兆しである。その要領をおぼえることによって、彼の運動の範囲が驚異的にひろまった。彼は、根っからの周利槃特ではなかったのである。

三か月たった。普通の少年になっていた。私が、地元の信者の家から古い教科書を貰い下げてきてあたえてみると、普通の中学生のように机に向かうようになった。そうしてやらせてみると、なかなか頭の良い少年だった。

年が明け、正月の松の内に、私の連絡によって両親が迎えに来た。少年は、何事もなかったように帰っていった。ところが、折りかえし、両親からの便りがあって、四か月も休学していたので進級させることはむつかしいと学校ではいっているという。私は、便りを見るなり、雪をついて大阪へ出、担任の教師にねじ込んだ。

「彼は、普通の子の勉学よりも、もっと尊い勉強をした」

と、私は告げた。あんたのような愚物にはわからんだろうが……といういいかたもした。

愚物という言葉には、さすがに相手もムッとしたらしい。顔色をかえたので、私は、しまったと思った。これは籔蛇《やぶへび》になったらしいと両親に詫び、私も吉峰寺へ帰ってきた。籔蛇でも、もともとではないか、という肚の坐りがあった。

程なく、両親から便りがあった。

少年は無事、進級できることになったといってきた。

子を寺にあずける親の不可解な心

いわゆる非行少年もやってきた。

オートバイ泥をはたらいた高校生や、万引高校生である。いずれも、お寺へ来ると、普通の若者だった。いや、普通以上だったといっていい。禅寺へあずけられたというので、ネコをかぶっていたのではないことは、一目でわかる。それぐらいのことがわからねば、長年、禅寺の飯を食ってきた甲斐がない。

彼等は、その性根が悪くて非行に走ったのではなく、たまたまその身を置いた環境が悪かったのである。

オートバイ泥をはたらいた高校生は、土建屋の息子だった。職業柄、家にオートバイは幾台もあった。少年は、自分も欲しいと、親にねだっていた。父親は、肯《き》かなかった。当然であろう。高校生のような無茶盛りに、オートバイといったおもちゃをあたえるほどの危険はない。そう訓《さと》したのであろう。

訓されたものの、息子は欲しくてならない。とうとう友達三人とかたらって、町で、現物を盗んだ。それも人数ぶんだけ、三台、という念の入りようである。それを、原形をとどめぬほどに改造し、遊びに乗り回していた。悪事は露見した。他の二人は、逐電してしまったが、その子だけは捕まり、保護監察処分になった。学校でも、厳重処分という議論が出たらしい。即時退学、という意見が強かったらしい。

日頃、問題生徒として睨まれていたのであろう。それを校長が、なんとか将来もあることだし、ということでなだめになだめて、一時停学に落ち着いた。ところが、今度は、親父が赦さない。「勘当」という古めかしい言葉をもちだして、寄せつけない。

結局、その尻が、吉峰寺へ持ち込まれた。親戚が寄って、そういうことになったからと、本人を連れてやって来た。

「面白い」と私はいった。親が勘当というなら、勘当されたらいいではないか。親の側からいえば、息子を放逐したつもりであろうが、逆にいえば息子は親父から解放されたのであり、息子が親父に知らん顔をしても、責任は親の側にあるのである。

「いいか。我慢くらべだぞ」

と私は少年にいい渡した。親父が折れてくるまで、おまえは、泣き面をかいてはならぬ。親父が勝つか、息子のおまえが勝つか、ここは一番、勝負といこうではないか。

意志の強い息子だった。朝課も作務も、けんめいにつくした。少年だけがやるのではない。私以下、寺のもの全部がやるのである。親父が乗っているオートバイに、息子は乗るなというのではない。親父が飲んでいる酒を、息子は飲むなというのではないのである。みんな、同じものを食い、同じ日課で仕事をし、同じ屋根の下で寝る。老いも若いも同じ条件で生きているのである。平等といえば、これほどの平等はない。

万引き少年の場合もそうだった。この君《くん》も高校生だったが、父親がある県庁の役人らしい厳格な家庭を営んでいたのであろう。それが、デパートで万引をしてつかまった。それだけならよかったのだが、今度は学校の購売部でもやったので、処分を食って、同じように吉峰寺へやって来た。

お寺は、なにもないところである。たまに到来物があっても、結局は、みんなのものである。この気分が大いに少年を動かしたらしい。少年は、お寺の日課だけでなく、積極的にお寺の仕事にとり組んだ。意外な才能があった。料理がうまいのである。精進料理のコツをいつの間にかおぼえて、なかなか気の利いたものをこしらえてくれた。この少年が下山して家へ帰るとき、「お父っつぁんにも精進料理をつくってやれ」という言葉を餞別にしたものである。

さて、問題のオートバイ少年である。私の睨んだとおり、息子が里心つくより先に、親父のほうから弱音を吐きだした。息子は、どうしているか、と消息をたずねて来た。その言い草がいい。「更生の見込みはあるでしょうか」――。

馬鹿も休み休みいうがいい、と私はつっぱねた。そうではないか。目の前にオモチャをぶら下げておいて、あたえもせず、そのオモチャを他からくすねて来たからといって、あっさり勘当するような親に、息子の「更生」を聞くような資格などあるものか。更生しなければならぬのは、親のほうであろう。

「そういうものでしょうか」

と、父親は不得要領な顔をした。私は呆れた。こういう血のめぐりの悪い男でも、手広く土建業を営んでゆけるというのだから、よくよく世間さまというのは甘っちょろくできているものらしい。

どだい、支離滅裂ではないか。第一、勘当した息子の「更生」の具合いをたずねるというのも僭越であり、本気で「更生」を考えるなら、あずけた息子の様子を心配するよりも、お寺から帰った後の手配をしてやるべきではないか。事実、息子の停学処分は、いつ解けるともわからないのである。

果たせるかな、学校で停学処分の解除について、難色を示しているらしいという情報が入ってきた。校長は、せっかく本人も禅寺へ入って修行していることだから、なんとか復帰させてやりたいという意向らしいが、肝腎の現物をあずかっている担任の教師がガンとして応じないという。学校で少年は、よほど周囲を困らせていたのであろう。

私は、ここは喧嘩が一番だと思った。学校へ喧嘩を売りに行くことにした。相手は校長である。あんたは……といった。問題の生徒を復学させたいという意向らしいが、復学させるとしても、この儂《わし》が許せぬ、と強気に出た。

考えてもみてほしい。少年がオートバイを盗んだのは、少年だけが特にその魅力的な乗り物にとり憑かれて悪事に走ったのではない。友達のなかにも、親に買ってもらって、これ見よがしに乗っているのがいるから、うらやましくてならなかったのである。いわば、学校は悪の温床である。悪を芽生えさせる土壌をそのままにした学校へなど、帰せたものではない。

学校が、オートバイ対策に対して現状のままであるかぎり、私は、少年を帰すことができぬであろう。「而うして……」と私はいった。少年は将来のある身である。それが高校三年にして学業の道を断たねばならぬとあれば、無念至極であろう。少年の将来は、確実に変わる。少年には、よくよくいい聞かせておく。恨むなら、教育者として、無能にちかい校長および担任教師に出会ったことを恨むべし。大いに恨むべし。恨んで、恨んで、成人したら、彼等への復譬を人生の命題にすべし、と。

もう一つある。私は、この事件をもって、県の教育委員会に公開質問状を出すであろう。教育とは何であるかを問うであろう。

学校で悪を助長しながら、その悪の結果が出来《しゅったい》すると、まるでトカゲの尻尾切りのように、問題少年を放り出して、あとは涼しい顔をしている。かかる卑劣きわまりない教育者に、公費から俸給を割くことは、税金のムダづかいであり、それ以上に、県民への裏切りであろう。

――こう書くと、いかにも私が、ポンポンと小気味よい啖呵《たんか》を切っているようだが、実は私にはそういう特技はない。私は、どちらかというと訥《とつ》弁であり、ボソボソと語るほうであり、それがこの場合、かえって相手に凄味を感じさせたようである。校長は青くなり、震えあがった。さすが、この恫喝には気がひけたが、それもこれも少年のためである。

校長は「善処」を約束した。善処という言葉は役人の常套語だが、ここでは善処の中身にまでは立ち入らぬことであろう。

数日後、停学処分を解除したという学校からの通知をもって、少年の親父がやって来た。学校でオートバイを禁じたかどうかについては、何も聞いていない。おそらく「善処」したのであろう。

あらゆるものは「仏」になれる

防衛大学を受験して落っこちた青年がやって来た。シー・ジャックの一味だった過激派の青年もやってきた。二人は、同時にいたわけではないが、そうして並べてみると、吉峰寺は、まさに呉越同舟である。

防衛大学の志願者は、最初、永平寺へ行ったらしい。そこで修禅を乞うたが、受付でことわられ、噂を聞いて吉峰寺へまわって来た。入山が許されなければ、一週間でも門前で坐るつもりだったといった。どれくらい預かったかは忘れてしまったが、満足するまで坐り、作務し、大阪へ帰っていった。

こちらへ来られたらぜひ寄ってください、ということなので、所用が出たついでにたずねていくと、彼の部屋に勉強机もない。不審に思っていると、

「方丈さん、勉強するのに机などいりませんよ」

ということだった。翌年、彼は、念願の防衛大学に入り、四年を終えたのち大学院の修士課程にすすんだ。いま、千葉に住み、結婚もした。私もその披露宴に招かれたが、机一つなしで

どうして勉強ができたか、いまだに謎である。そういう工夫は、禅の公案でも聞いたことがない。おそらく、彼独自の工夫だったのであろう。

だいぶまえ、神戸大学の学生が、外国船を乗っ取るという事件があった。この種の事件では、最初の出来事である。その仲間の青年が、福井県大野市の出身で、やはり吉峰寺へ坐りに来ていた。好青年だった。なんでも、あるセクトの委員長だということだったが、そういう、やり手には見えなかった。参禅の態度も、惚れ惚れするほどよかった。

私は、私の主義として、その種の思想問題には触れないことにしている。思想を論ずるほどの「思想」を、私は持ちあわせていないからである。私は何も話さなかった。若者の過激な行為へ走りがちなことへ、大人としてたしなめるという行為も放棄した。ただ、「悉有仏性」という言葉だけ、お土産にあたえておいた。

悉有仏性――ありとあらゆるものは「仏」になる資格をもっている、ということであろう。おまえさんは、「仏」になる。いや、おまえさんこそ「仏」かもしれない。同時に、おまえさんの周囲のものも仏であり、あるいは、おまえさんが敵と思うものも、「仏」なのである。そういっておいた。

事件の直前まで、彼は、外国船に乗り込む準備をしていた。むしろ、彼が中心になって事を起こす予定だった。それが、最後の一瞬で翻然としたのである。彼は、なぜその大事をまえにして翻然としたのか、おそらくわからなかったであろう。それをきっかけに、学生運動からはなれたが、そういう運動歴がわざわいして、大学を出てからもおおやけの職には就けない。

そこで彼は、学習塾をひらいて結構繁昌しているということだが、時に、ふと思いだしたようにいうそうである。なまじ禅などをしていたために——と。

ちなみにいっておこう。仏教は「中道」の道を説く。二つのものの対立をはなれることである。現今「中道」といえば、右と左の真ン中、足して二で割った中間、といった理解が行き渡っているが、それは大間違いである。中道左派、あるいは中道右派などという呼称は、ナンセンスというほかはない。そういう中間は、対立をはなれた姿ではなく、「妥協」のすがたであり、妥協いがいの何物でもない。中道とは、右も左も、対立は対立のまま、主義や主張を異なえたまま、それを超えて融合できる姿でなければならぬ。

それは、「敵」もまた、「仏」であるという、仏道の肝要に立つほかないのである。

＊

死に損ねた女がやってきた。死に損ねた男もやって来た。

女は、大野市の機屋《はたや》の若嫁さんだった。実家の母親に連れられて、吉峰寺へやってきた。虚ろな眼をしていた。私は、死に損ねだな、と直感した。私でなくとも、そう思ったであろう。果たして、そうであった。母親のいうところによると、彼女は、機屋へ嫁し、子供を一人もうけた。機屋だから、女子従業員がたくさんいる。主人が、そのうちの一人に手をつけた。手をつけただけでなく、本妻を邪魔にしだした。出ていけよがしに、毎日、叩く蹴るの乱暴である。

彼女は、たまらなくなって、二歳になる子を負ぶって家出した。あてもなく、熱海まで行ったそうである。そこで、死ぬ気だった。熱海は、自殺の名所だそうである。そこで、件《くだん》の断崖まで行き、飛び込もうと下を覗き込んでいたら、背中の子が「お母ちゃん、こわい」といったそうである。それで、子供を道連れにすることもできず、ふらふらと実家へ帰ってきたところを保護された。その足で、吉峰寺へ連れて来たという。

ちょうど七月だった。お寺は講習会やなんやかで忙しい。しかし、そういう事情ならば預からぬわけにはいかない。そのうちに、彼女は、台所を手伝うようになり、坐禅にも加わり、すると、機屋のおかみさんでなくても、生きて行く道があるという簡単な道理がわかり、一か月もせぬうちに、すっかり「死神」がおちた。

その後、彼女は正式に機屋と離婚し、やがて再婚した。

もう一人の男は、受験浪人だった。何度かめざす一流大学に挑んでは、敗れた。そして、睡眠薬を嚥《の》んだ。助かったところを、やはり母親に連れられてやって来た。

この青年にも「死神」がついていた。私は何もたずねなかったが、おそらく彼の心中をいえば、一流大学へ入れぬぐらいなら、死んだほうがマシだといったようなつもりらしい。

いまどきの青年に多い、視野の狭い、それゆえに、一途さのある若者なのだろう。お寺では型どおりに坐禅をし、作務をした。しかし、何日たっても彼の「死神」は、離れていかない。一流大学への入学か、さもなくば死かという選択が脳裏からはなれぬものと見えた。

ある朝、暁天の坐禅で、私は警策をもって歩いていた。坐った彼の上体が、ふらふらと動いていた。私が前に立った。この場合、禅の作法で、合掌して、警策を受ける姿勢をとらねばならない。私は、手をそえ、その姿勢をとらせ、

「喝！」

と一撃を加えた。一撃を加えつつ、

「自殺するなんて」

と怒鳴った。一撃。

「威張るな」

一撃。彼は、殆んど飛び上がりそうになった。

飛び上がりそうになって、しゃんと坐った。彼は、めざめたのである。一流大学以外にも大学はあること。一流大学を出なくても、立派に人間らしく生きている人がいるという平凡な事実とが、わかったのである。その後、彼はかなり長い間、吉峰寺にいたが、やがて、山を降りて行った。

暫くして、母親から手紙が来た。彼の勉強部屋を覗いたら、「自殺するなんて威張るな」と書いて貼ってあるという。

家事嫌いの女など叩き出せ

男が女々しくなった今日このごろ

昔、配偶者の愚痴をいうのは、女と相場が決まっていた。いま、男がいうらしい。なんでも、月給とりの社会では、男が三人、縄のれんなどに寄り集まると、上役の悪口と女房の愚痴と相場が決まっているという。嘘か本当か知らないけれど、事実とすれば、なんともなさけない話である。

そうではないか。上役にいうべき悪口があれば、陰でこそこそといわずに、堂々と胸を張って、本人の前で開陳すればよい。それを、酒の勢いを借り、同じ不満をもっている仲間をつのって、一言、一言をもって同意を求めつつ述べたてる風景など、「様」になっていない。どうせ、正面きっていえない、つまらない感情論なのであろう。僻《ひが》みっぽい子供みたいな拗《す》ね言なのであろう。むろん、私など体験したこともない窮屈な管理社会のことらしいから、もやもやは残るであろう。拗ね言も吐きたくなるだろう。しかし、衆をたのんで発散させるのはいかにもみっともない。みっともないだけでなく、他に害をおよぼすから始末が悪い。

そうであろう。聞かされるほうも大いに同情するであろうし、同情という心的傾斜は、ままならぬ亭主への劣情を刺戟する。「自分も……」という劣情を刺戟する。人間、腹ふくるる業である。どうしても泣き言が鬱積しているというなら、それこそ「良き半身」に告げるべきであろう。

そのかわり、いっておかねばならない。女房は、同じ管理社会にいないから、亭主が百万言をついやして上役を罵倒しようとも、半分も三分の一も理解はできないであろう。理解できる女房があれば、それはもう観音さんに近い存在といわねばならない。よしんば理解したような顔をしていても、それは、けなげにも、つとめて理解しようと努力しているだけであって、心底からわかっているかどうかは、あやしい。

夫婦は一心同体でなければならぬ、という迷信がある。冗談をいっちゃいけない。といっても、私には結婚生活の体験がないし、世の女性というものが、男にとっていかにありがたい存在であるか、という大人としてもっとも基本的なことも知らないので、大言壮語をする資格はないが、そうではないか。女房といえども他人である。他人だから、夫婦になれた。

肉親においてすら「心」はバラバラであり、親の願いと子の希望が違っていて普通であるのに、他人同士「一心」であれと期待できないのが道理というものであろう。夫婦が「同体」ないし、同体にちかいと錯覚する状況は、一日二十四時間中のわずか何十分の一かであって、一年の総計からいえば、さらに数倍も率は下がるはずである。

せいぜいその程度のつきあいであり、それ以上の濃密なつきあいをどちらかが求めたとしたら、双方とも気が狂ってしまうか、荒淫のために衰弱死するであろう。

そういう状況で、なお夫婦が「一心」であるということが現実に起こり得るとすれば、これほど気色の悪いことはない。

くどいようだが、妻が夫を完全に理解するなどあり得ないのである。それを念頭において、上役への不満を洩《も》らしに洩らすがいい。当然、妻は夫の内面状況をすみずみまで見透《みとお》すであろう。その内面の貧しさに呆れるであろう。そして、ついには、夫という存在は軽蔑すべきものという牢固たる思想のなかに居坐ってしまうにちがいない。

そういう亭主は、軽蔑されてもともとなのである。それを、虚勢を張って、なにかと女房の前でとり繕おうとするから、自分の恥部とつながっている女房の愚痴まで、朋輩に訴え出なければならないことになる。

ここは一番、居直ってかかるべきであろう。軽蔑も愛嬌のうちである。こんなつまらない亭主だからこそ、私がいてやらねばならないという一大慈悲心の発露があるかもしれない。せいぜい、その程度のお情《なさけ》にすがるほうがよいようである。

だいいち、相手がその程度だと思っているのに、亭主ひとり気位高く構えているのは、滑稽であり、みじめではないか。その程度だと諦めてしまえば、おのずから気は楽であり、女房の前で気負う必要はさらさらなくなってくる。

その調子で、大いに弁じるがよい。上役を犬畜生にたとえ、犬畜生に咬まれたかの如くに怨《えん》嗟《さ》するがよい。当の女房にとっては蛙の面に水であろう。それどころか、悪く勘ぐられるかもしれぬ。恩着せがましく、そうまでして月給を運んできてやるのだといわんばかりに、と思うものも、あるであろう。みんな亭主の身から出た錆なのである。

だいたい、亭主がそんな調子だから、世の女房族がだらしなくなる。

戦後、女とくつ下が強くなったといわれて久しい。強くなるのは、大いに結構である。本当の意味で強くなられたのなら、まったく御同慶にたえない。ただ、強くなったつもりでは困るのである。その気になって、のぼせていてもらっては、男も女も不幸である。

人間、のぼせるためには、一種の幻想を必要とするであろう。女が強くなったという点に関していえば、女は自立できるという幻想である。昔の女のように、べったりと男性に付属せずとも、立派に生きてゆけるという自信である。

事実、世はそうなってきた。そういう女性が増えてきた。小学校の先生など、女教諭のほうが多いというし、女の校長も珍しくなくなった。官庁のご大層な椅子に坐る人もいる。男性も女性も対等にはたらき、対等の報酬を受ける職場もすくなくない。そういう事実を踏まえて、なおそれを「幻想」呼ばわりするのは不当であろう。

志ある婦人団体からお叱りを受けるかもしれない。けれども、どうであろうか。世の女性がたのすべてがそうなったかというと、かならずしもそうではない。私の接触している範囲内でいえば、実際にそうしておられる例は、きわめて稀である。おそらく世の中を見渡しても、そういう塩梅《あんばい》になっているのであろう。

とするならば、男女が対等にはたらき、対等に収入を得る、というのは、現状ではあくまでも可能性ではないか。夫婦共働きといっても、子供が出来ると、女は育児にかかってしまい、自然、稼ぎのほうは男によりかからざるを得なくなり、対等という可能性を事実として見せてくれるのは、ごく一部の人でしかなくなってくる。あえて「幻想」であるというゆえんである。

どうも世の都会の女性がたは、この可能性にしっかり足を踏んばって、男どもを睥睨《へいげい》しておられるように思えてならぬ。それが証拠に「三食昼寝つき、永久就職」などという罰当りな言葉が出るというではないか。

三食昼寝つきで永久就職したはずの嫁さんが、それではバツが悪いから、家事労働という片、手間の仕事を誇大に吹っかける。夫たるもの、家事労働の一部を分担して当り前という顔をする。日曜日になると、夫婦揃ってお買物に行く、というときこえがいいが、夫は荷物もちであり、妻はさも自分が汗かいて稼ぎ出した金であるように支出方にまわる。

のぼせてはいけない。それもこれも、世の男がだらしないからである。どこかの国の真似をして、女をちやほやするのが礼儀であるかのように錯覚におちいっていた罪であり、これに加うるに、男が、女々しくなった罪である。女みたいに、上役の悪口をぐちぐちいうようになったから、女の役割までまわされることになる。

だからいま、義務教育の段階で、男子生徒にも料理や裁縫を実習させているという。男の子がじゃが芋の煮っころがしをつくり、かがり縫いをしているという。「義務」として、そういうことをやらせているという。料理の名人や、腕利きの裁縫職人の適性を抽き出すために、そういうことをさせるかといえば、そうではないらしい。

こういってはなんだが、料理人も裁縫職人も、いい仕事をするのは男のほうが断然多いという。専門職でいうならば、そうなのである。ところが、ここでやらせているのは、家事労働の男女平等という原則のもとに、であり、そういう原則を教え込まれて育った子は、男が女の仕事をしても、不思議ともなんとも思わないようになる。

原則はあくまでも原則であり、女のほうで、三食昼寝つきの永久就職という暢気な哲学を土台にしているかぎり、これは画餅にしかすぎない。その画餅をありがたがって、亭主は職場で神経と体力をすりへらし、女房の御機嫌とりに喜々として家事労働を分担する。女でさえ片手間の仕事を、である。

人間鍛えられて強くなる

片手間といえば、昔の女性は、私の知っている範囲でみんなそうであった。農家の女房は、夫と一緒に野良仕事をし、その前後に家事労働をした。商家のおかみさんは、よほどのご大家でないかぎり、コマネズミのように働いた。「嬶電化《かかあでんか》」という新語のない時代、それが普通だったのである。昔の女性は、本当の意味で強かった。戦後、くつ下とともに女性はさらに強くなったのであろうか。

数年前である。吉峰寺に通っていた真面目な青年が、恋をした。青年も農家であり、相手も農家の娘である。相手も青年を憎からず思っているらしいのだが、結婚ということになると、どうも踏んぎりがつかないらしい。母親が、娘を農家にだけはやりたくないと反対しているという。それで娘を連れてくるので、本心をきいてほしいという。

「それは、見当違いであろう」

と私はいった。

「まず、母親に会おう」

約束の日、件《くだん》の母親がやってきた。見たところ、四十五、六歳である。すると、あの戦中から戦後にかけての食糧難時代に、学童期か、もう少し上にすすんでいた時期である。私はいった。

「あんたは、子供の頃、豆カスの御飯を食ったことがあるか」

相手は首を振った。そうであろう。日本中がひどい食事をしていた時期、農家の人たちだけは、土を耕したものの当然の権利として、銀シャリを食っていた。豆カスでもいい。満足に食えれば幸福で、食いものという食いものに、いや、いままで食ったこともない植物まで漁《あさ》っていた時代である。

「ひもじい思いもしたことはあるまい」

今度は頷いた。農家の人は飢餓感だけはなく、闇米でしこたま儲けていたというではないか。農村にそういう黄金時代があった。その黄金時代を体験して、まだ二十年も経っていない。その大特権とありがたさは、誰のおかげだったかといえば、先祖以来、家族が一つになって、営営と土を耕してきたことの果報なのである。

日本中が飢えても、食糧を生産しているお百姓さんだけは、たらふく食っておれた。善因善果、悪因悪果である。善果にせよ悪果にせよ、たとえば一度播いたタネが一度しか収穫できないように限りがあるものとするならば、先祖以来の陰徳の果は、あんたがたの世代が摘みとってしまったことになる。今度はタネを播く番であろう。いま、大いにタネを播いておきなさい。娘さんも播かせてやりなさい。やがてまた、日本中が飢え苦しむ時代が来たとき、娘さんやその子だけは、銀シャリにありつけるであろう――。

母親は黙って帰っていった。暫くして、青年は娘を連れてやってきた。明るい健康そうな娘だった。話は好転したらしい。

「方丈さん、食糧難時代は、ほんとに来るのですか」

と娘は聞いた。それ来た、と思った。薬が利きすぎたか、と思った。が、ここでたじろいではならない。さりとて私は予言者ではない。

「諸行無常という」

この世の中、一寸先がわからない。この状態が、いつまでも変わらずに続くものではない。

そういう展望をもって、人生を考えるのが、本当の知恵というものであろう。いずれにしても、大地に足をつけて生きてゆくかぎり間違いはない。

「それならば……」

と相手はいった。

「方丈さんは、どうなさるのですか」

これは意外な質問であった。意外だったところに、私は愧《は》じた。平常「食えなんだら食うな」を課題にし、餓死覚悟を出家の条件としながら、不意を衝かれたところに、油断があった。「諸行無常」という緊張感を忘れていたらしい。自然、歯切れが悪くなった。

「されば、飢え死にするほかはないな」

「ほんとに、死ぬんですか」

「左様」

「おお怖わ」

「その怖い現実を怖いとも思わず、浮かれている奴がたんとおるわ。お前さんも心半分は浮かれたかったのであろう」

ほどなく二人は結婚した。娘は、農家の嫁さんになった。彼女にとって、結婚とは、三食昼寝つきといったようなふざけた新生活ではないであろう。農業は近代化したとはいえ、夫を扶《たす》けて、大いにはたらかねばならないであろう。

そのかわり、彼女は強い女になるはずである。人生に、少々の変事があっても、自若として応対できる女性になるであろう。女性にかぎらず、人間「原則」では強くなれないのである。鍛えられて、強くなるのである。体を鍛えるのと同様、みずから汗して働いて、はじめて強くなれるのである。

何が不幸か幸福か

本当に強い女性といえば、たとえば中村久子女史（故人）を思う。四歳の時、不幸にもダッソにかかり、両手両足をなくされた。両手は手首から、両足は第二関節から先がなく、そういう体で結婚し、子をなし、主婦として母親として、もちろん家事労働にも従事しながら、人に生きることの尊さを教えて、人生を全うされた。

偉い人だった。

仏教に深く帰依し、そういう自分の体を恨むどころか、たといそういう体でも、人間に生まれたことをよろこび、「身はいやしくとも畜生におとらんや。家はまずしけれども、餓鬼にはまさるべし」という恵心僧都《えしんそうず》（源信――日本浄土教の先駆的な人）の言葉を座右にしておられた。

ちなみに、ここでいう「畜生」とは、犬畜生の畜生ではない。畜生道という、地獄の一つを指している。餓鬼もそうである。そういう苦しみの世界に生まれたのにくらべて、人間に生まれさせていただいて、なんという平安な日々であろうか、とその不自由な体でよろこばれる。

私が富山の光厳寺時代、この中村久子さんに講演に来ていただいた。昼、夜の二度、お話をしていただく予定だったが、あんまり希望者が多いので、整理券を出して、昼三百人、夜三百人に制限しなければならないほどであった。

新聞記者も取材に来たが、机の上に名刺を置き、腕で一枚ずつスーッとさし出された器用さに、まず、おどろかされた。夕食にうどんをさしあげたら、すこしもこぼさずに食べられたのにはおどろいた。風呂もお手洗いも一人で入られたし、衣服をたたむのも、持参の竹ベラで、きちんと納められたのには驚嘆した。みんな、血の出るような鍛練のたまものである。

鍛練といえば、日常のことは、すべてその調子で克服していたのである。歯をみがくときは歯ブラシを両手ではさんで、たんねんに磨く。顔は両腕で洗い、タオルは口と腕でしぼる。

自分の身のまわりだけでない。炊事、洗濯、掃除といった、家事労働のすべてを、この人はやってのけた。いまから数年前、七十幾つで亡くなられたかただから、もちろん「嗅電化」の時代の現役の人ではない。だから、家事も、ずいぶん手がかかった。

炊事のとき。ポンプで水を汲み、米をとぐ。火をつけるのは、マッチの軸を口でくわえ、箱のほうを両手でもってすり、すばやくたきつけに移しかえて、クド（竈）に入れる。この場合、たきつけが燃えるまでは息をしないのがコツである。マッチの硫黄が鼻に入って、むせるからである。庖丁は、右の脇下にはさむ。左の腕で魚や野菜を動かして料理をする。

掃除のとき。はたきは右の脇にはさみ、左腕で梃子《てこ》のようにして、埃をはらう。箒《ほうき》も同じ要領。雑巾は、洗顔と同じ。両腕でおさえて、口でしぼる。

裁縫もやった。裁ち物は、はさみを口で操作した。前歯の上下をつかって、切ったという。反物をはかるときは、裁縫台の上に物差しをおき、マチ針を一本口にして、反物を両腕にかけて物差しにあて、寸法のところに針を打つ。針に糸を通すのも、口で糸の端を細くしておいて両腕に持ちかえ、針を口にして通す。糸の結びだまは、舌の先と、唇とで糸の端をくるくるとまるめて、歯と唇で糸を押えて、両腕でひく。

こういう調子で、着物、羽織、帯に、綿入れや丹前まで、ほとんど人手を借りずに縫い上げたという。最後まで手間どったのは、綿入れの、綿を入れる作業だったが、それも、やれるようになった。針を運ぶのは口だが、着物は、二日で縫えたというから、ちょっとした職人なみの芸当ではないか。晩年になって、ミシンが一般的に出廻り、これにも意欲を燃やしておられたが、そのほうはどうだったか。

そういう人だから、講演には感銘した。頭で考えたことではないのである。実際に、人間業を越えた努力の世界を、むしろ淡々と語られるのである。そこまでにして、なおいう。私には「合掌」ができない。みほとけを拝するという、もっとも単純な形がとれない。これだけが、なんとしても辛い――。みんな泣いた。

中村久子さん。四歳で脱疽《ダッソ》のため、両手足切断。七歳で父親と死別。母は久子さんを連れて再婚した。苦しい日々がつづいた。その日々の苦しさが、彼女を、五体満足な人にも負けないような努力を生んだ。やがてその努力は、意外な運命をもたらす。両手足のない娘が、健康な人なみの仕事をやりこなすというので話題になり、見世物興行が眼につけた。彼女の仕事ぶりは「興行」になったのである。

二十四歳、生母が死んだ。やがて、結婚した。最初の夫と程なく死別。二番目の夫は、彼女が興行で稼いだ金を持ち逃げして、姿をくらました。三度目の夫が、おだやかな人で、この人のおかげで、彼女はやっと平安な生活を送れるようになった。噂を聞きつけた人たちが、彼女の話を聞きたがった。

はじめの頃は、夫がつきそって汽車にのせたりしていたが、やがて、自分でおなかを痛めて生んだ娘が成長し、これにかわった。この時期、久子さんはしあわせだったであろう。合掌できないこと以外は、おおかた克服したのちに、自分の血と涙と、超人的な労苦で、自分の手で握りしめた幸福感である。

この人のことを思うと、私は人間の幸福ということについて考え込まざるを得ない。この人の努力にくらべて、なんともありきたりな感想だが、人間の幸福感などというものは、自分で、自分の体で汗みどろになって摑むものではあるまいか。

若い男女が結婚した。結婚のとき、夫は妻に対して幸福にすると誓った。それが、すこしも幸福にしてくれないではないか、というので、離婚さわぎがおこっているという情景が、いま、神話でなくなったという。この妻の考えていた幸福とは、何であったか。そして、夫が誓った、幸福にするという幻想は、いかなる世界であったか――。

＊

中村久子さんというような、日本女性史上に名をとどめるとびきりの人をあげると、話題自体が完璧な美談になり、話がけだかすぎて、かえって実感がうすれるというものであろう。

　けれども、身体の不自由を克服して、健康人と変わらぬ生活をおくっているのは、なにも中村久子さんだけではないのである。大野市（福井県）に、懇意にしていた女の按摩さんがいる。もう六十歳ちかいが、結婚して男の子を二人もうけた。立派に成人して、好もしい男ぶりである。

　失明したのは二十三歳。それから盲学校へ通って点字をおぼえ、マッサージをおぼえた。いま『修証義』を点訳し、点字で写経をつづけている。その人がいう。

「方丈さん。目がつぶれたときには、人生に絶望しました。けれども、そのおかげで技術を身につけさせていただき、結婚もでき、子供も大きくなって、これにまさる幸せはありません」

　この人、家事労働は、もちろんやる。食事もつくるし、味噌も手づくりなら漬物もつける。ボタンつけ程度のことなら、裁縫もできる。目の不自由な人は、人一倍、勘がするどい。だから、按摩さんの家から不注意で出火したというような話は、聞いたことがない。それは、天性の勘のするどさではなく、努力して手にした結果なのである。

　吉峰寺には、目の不自由な人が、三十人ほど坐禅に来ていたが、長い坂道を上がったり下がったりする間、怪我をしたという人がない。その参道に三十三躰の石の観音さんが安置してあるが、その一躰一躰を、手でなでながら、観音さんと面談していかれる人がいる。そういう姿を見ていると、私は、たとい目は見えなくても「心眼」がひらいているのだなという感動を禁じ得ない。

だから、よけいに肉体の眼はひらいていても、まるでものが見えていない人たちを気の毒に思う。眼は見えても、それをたしかに自分の内部へとらえる心が曇っているのである。仏教では、三毒の煩悩という。貪欲《どんよく》・瞋恚《しんに》・愚痴《ぐち》である。

あれも欲しい、もっと欲しい、安楽にしたいという貪《むさぼ》りの心（貪欲）。自分は間違っていないのに、あいつがいけないという身勝手な怒りの心（瞋恚）。自分の運命は自分で背負っていかねばならないのに、それを誰かの責任のように愚痴る心（愚痴）。

自分がいま人間として生きているということの幸福感をたしかめられぬ人は、すべてこの曇りによるものと心得られるがよい。しかして、この曇りは、自分自身の手でとり除くよりほかはないのである。

女が、女の仕事をさせられているという、ただそれだけの理由で、ふくれっ面をするような女房なら、叩き出すぐらいの覚悟でガンとやるのが亭主のつとめである。されば、女房は眼がさめるであろう。「心眼」が開けるであろう。

ほかでもない。お互いの「幸福」のためではないか。

若者に未来などあるものか

怒りの読経の意味を知れ

たしか、昭和五年だったと思う。

富山の光厳寺時代で、私が、私自身の宗教的充実よりも、僧侶としての事業に夢中になっていた頃であった。

その一月、むごたらしい事故があった。剣岳登頂にむかっていた若者たちが、遭難したのである。雪崩だった。剣御前の山小舎にいた登山者と案内人の一行七人が、一瞬のうちに潰され、何十メートルという想像を絶する雪の中に埋まった。危険をおかして救助隊が現地に向かった。救助隊というより、遺体収容隊といったほうがよかった。

二重遭難のおそれのあるなかで、雪崩の落下点を掘りおこしたところ、七人の遺体がみつかった。元気に立山連峰の剣に向かった七人は、雪ぞりにのせられ、あるいは荷物のようにかつがれて、無言の下山をした。そして、市内の西別院（現在の富山本願寺）に安置された。

本堂の内陣の前に、七つの棺が並べられた。師の頑牛と私は、その前で読経をした。読経中、なにげなく師を見ると、師は、いままで見たこともないようなこわい顔をしていた。まるで柩《ひつぎ》をにらみつけているようであった。私は、たちどころに、師の心の中を察した。師は、本心から怒っているのである。不慮の事故とはいえ、このような惨事をまねいた犠牲者に、怒りを込めて読経をしているのである。

私は、こういう死者儀礼をかつて見たことがなかった。師はいつも、追善のために、死者の霊にとどけよとばかりに、声をひびかせて経を誦んだ。それは、外にひびく誦経ではなく、内にひびく声だった。師の内面のなかで、死者との交流が行なわれているに違いなかった。

したがって、その表情はあくまでも瞑想的で、仏像のように美しかった。ところが、この日の師は、同じ仏像でも忿怒なのである。香煙のなかに見る師の顔は、まるで不動明王のようであった。

読経のあと、師と私は、七つの棺の蓋《おお》いをあけてもらって、犠牲者の遺骸と対面した。一瞬のことだったからであろう。事故のむごたらしさとは裏腹に、みんな安らかな死顔をしていた。遺族にとっては、せめてその永眠という死顔が救いだったであろう。けれども、師の表情は変わらなかった。いまにも、怒りで血の噴出しそうな顔で、遺体を凝視していた。

私は、師の怒りを完結しなければならなかった。師の怒りとは、ほかでもない。若者たちが、その「未来」を残して死んでいった無念さである。この無念の霊と対話するには、とても凡庸の追善のこころでは通じまい。師は、若者たちと共に怒ったのであろう。共に怒る以外、師の読経のもって行き場がなかったのであろう。

しかし、これでは、死者は浮かばれまい。無念のままでは、安楽国へは往《い》かれないのである。

私は、夏になるのを待った。その日をおぼえている。七月十八日だった。私は立山へ向かった。その夜は、室堂《むろどう》に泊まり、翌朝、再び登山道をたどった。立山のような本格的な山登りはまったくの素人だが、ガイドをつけるほどのことはなかった。夏山である。地図と磁石と、人の踏みしめた跡をたどって、別山《べっさん》を越え、雪渓の中を剣御前へ降っていった。

遭難現場には、すでに新しい山小舎が建てられており、別にキャンプも張られ、大学生らしい十七、八人の学生たちがいた。みんな色彩ゆたかな登山服姿だった。そこへ、同世代とはいえ、頭を剃りあげ、法衣に黒いモンペという、雲水が大きな作務にとりかかるようないでたちの私が現われたのである。これは、なんとしても異様であった。

若者たちは、私のもとへ集まってきた。日焼けした健康そうな顔と、半年余も前に西別院で見た犠牲者の、青ざめた死に顔を二重がさねした。思えば、無惨であった。いま、こうして夏の雪にやけて、赤銅色の膚を誇っている青年も、いつなんどき事故に遭遇しないともかぎらぬのである。そういう「生死」ということの一大事を現実にかかえて、若者たちは山に登ってきた。一月に遭難した人もおそらくそうであったように、この若者たちも、そういう一大事を一大事と思ってないのであろう。

「この正月、ここで君らの仲間が死んだ」

私はいった。みんな、知っている、という顔をした。知っているくせに、平気な顔をしていた。平気な顔というより、山男は、山で死んで本望、といいたげであった。

私は、この英雄主義に危険を感じた。自分たちもまた、そういう英雄的行為につながっているという若者らしい昂然とした気分である。こうした「気分」というものは、若者のはげしい内面葛藤から出てきたのではない。

もっと直截にいえば、今度は自分たちの番だ、というもっとも手近な切迫感をヌキにして、ただ気分として英雄的なのである。私は、いまこそ僧侶として、この若者たちに「生死」ということを自分たちの課題にしてもらわねばならなかった。

「その霊が浮かばれていない」

私はいいきった。果たせるかな、若者たちは一様に気味悪そうな表情をした。

「だから、施餓鬼に来た」

用意していった塔婆や三具足をとりだすと、若者たちは協力的になった。法要を営むのは山小舎の広間とし、そこへ祭壇をこしらえようとすると、みんな積極的に手伝った。正面に名号《みょうごう》をかけ、ついで塔婆をかざり、供物をそなえ、ローソクにあかりをともし、読経をした。

正月、師が忿怒の形相で読経をしていたのを思い出し、死者と師の怒りの会話を完結しなければならぬという思いで、一心不乱に経を誦した。若者たちは順次、焼香をした。その間、私は知らなかったが、写真を撮っていたらしい。

読経を終えて、私は若者たちに説教をしなければならなかった。その直前まで、生死事大ということについて、すこし話すつもりでいた。ところが、くるりと後ろをふりかえるなり、気が変わった。

「これで、供養は終わった。死者の霊は浮かばれた」

みんな、何をいいだすのか、という顔をした。私は一言で結んだ。

「今度はもし、諸君たちが弔われねばならぬ番がやって来ても、安心するがよい。私が、ちゃんと供養をしてあげよう」

——下山して、一週間ほど経った。立山でうつした写真が光厳寺へ送られてきた。いまのように、写真機が機械的に発達していない時期だが、わりあいよくうつっていた。ところが、どうだろう。壇にかかげた名号の「南無」の部分が消えて、二つの顔のようなものがうすぼんやり浮かびあがっているではないか。焼付の段階で、いたずらをしたとしか思えない現象である。

私は、急いで、同封の書翰を読んだ。手紙も、そのことに触れてあった。世にも不思議な現象におどろいているといい、決してそういう細工をしたのではない、とことわり、それにしても、死者の霊が浮かばれたという言葉が、あらためて思い出された、とあった。そうして、今度もし諸君らの番がまわって来たときには……という一言には、魂の震える思いがした、という意味の感想でしめくくってあった。

噂が世間にひろまった。噂をききつけて、富山日報の記者がやってきた。同紙は、写真入りでその「奇跡」を報じた。たしか、「幽霊が写真にうつった」というような記事だったと思う。

噂は、さらに拡大した。わざわざ、私の許へ未知の人がたずねてきて、そういう「奇跡」を再び演じてみてほしいというとんでもないことをいいだす人もあったし、「幽霊」が実在するかどうかという論議を、本気で仕掛けてくる人もあった。私は、是とも非ともいわなかった。是といえば是、非といえば非であろうといい、それよりも大事なのは、あんたが、幽霊になって出たいような死に様をしたいかどうかだ、といってきかせた。

私はかならずしも、そういう「奇跡」をあたまから信じるものではない。が、こうして現実に「奇跡」をつきつけられてみると、超自然という不思議を、ひとまず信じてみるより仕方がないではないか。そうしてみれば、その奇跡は、おそらく師匠の怒りに感応したのであろう。若者たちが「未来」という得がたい宝を放棄せざるを得なかった無念さに対して、師がこころみた怒りの対話へ、そういう形で応答したのであろう。

それよりも、私がこの奇怪な事件で得た収穫は、登山中の若者たちが「生死」という一大事を心の片隅にとどめる機会をもったことである。すくなくとも、写真を私に送った青年の文面にはいつわりはなかったであろうし、その青年は、仲間とも同じ話題を交したであろう。そうして、以後、山へ登るときには「生死」という大きなお荷物を背負って、一歩一歩を踏みしめる思いで行くようになったに違いない。

そう思えば、写真にあらわれた幽霊は、師の頑牛に感応するとともに、同じ山の若者たちに、重大な警告を発するために奇跡を演じたとしか思いようがないのである。

この世はすべて「諸行無常」

繰り返すが、若者にとって「未来」は宝である。

むしろ、未来という宝をもっているからこそ、若者の輝かしさがあるといっていいだろう。私のようなほとんど脱俗にちかい生活をおくり、脱俗的心境にいる者でも、若者の輝かしさは羨望を禁じ得ないし、若い雲水たちの潑溂《はつらつ》とした姿を見ていると、時に嫉妬といっていいほどの感情で眺めていることがある。

それは、きわめて正直に裏返すと、私の老いへの悔恨であり、仏門に入って悔いなく生きてきたはずの私でさえ、老いということに対する、あるいは余命というものに対するいい知れぬもどかしさを、おぼえていることになろう。人間、なかなか大空のように澄みきった境地にはなれぬものである。

若者は、ただ若いというだけで、老人を惑わせるほどのエネルギーをもっている。けれども、だからといって思い違いをしてはいけない。若者が未来という宝をもっているといっても、かならずしも、それがバラ色であるという保証はどこにもない。むろん、全部が全部の若者が、バラ色の未来を夢見ているというのではない。

このごろ流行のクールな眼とやらで、比較的に冷やかに将来を見つめているものもいる。むしろ、そのほうが多いであろう。大多数がそうであろう。そういう時代になってきた。若者の将来に、神話がなくなったとさえいわれる。人生は大学受験で決定し、大学受験は、小学校の学習塾で決まるという。だからシラけているのが、普通一般の若者像だそうである。

しかし、どうであろうか。シラけておられるのも、一つの余裕であろう。未来に托するところであろう。たとえば、自分は一流の国立大学を出ていないから、いわゆるエリート・コースを行く道は閉ざされているけれども、二流の私大でも大学を出ているから、これこれの程度の道は歩けるという安心感がある。そういう安心感に踏まえて、シラけている。

何度もいうが、この世はすべて「諸行無常」である。

そうではないか、一流の国立大を出、高級官僚や有名会社の幹部社員の道を歩き出したからといって、どこに、どのような蹉跌が待ち受けているかも知れず、また、二流の大学を出たからといって、ずっと、中の上、ないしは中の中、中の下ぐらいのところをすすんでいけるという確実性はどこにもない。誰も、明日は、わからない。

これは、また聞きのまた聞きの話である。

ある初老の未亡人が、市の失対事業で、公園の清掃作業に従事していた。箒でゴミを寄せ集め、塵とりに移していると、若者が近寄ってきた。

「おばさん」

と背後から声をかけた。なんだろう、と思って振りむくと、ポケットから一掴みのものをと

りだし、

「これ、あげよう」

といって、パッと地上に紙吹雪を撒いたという。なんとそれは、紙屑をみじんに千切った手の込んだものであった。それだけではない。若者は「ここにも、ここにも」といい、いま掃いたばかりのところへ、落花の如くに撒き、

「おばさん、仕事ができて、よかったね」

――この話をしてくれた人物は、そこまでいって大いに溜息をつき、

「方丈さんがおばさんだったら、この若い衆を張り飛ばしていますか」

と聞いた。私は、即座に首を振った。その必要はない。私がたといそのおばさんであっても、私は手出しをするまでもない。

「いずれ、その若い衆は、その報《むく》いによって、そのおばさんみたいに悲しい目にあわされるだろう。そのときに思い知るにちがいない」

若者にかぎらず、人はみな「明日」がわからない。明日、どうなっているかわからないが、仏教の法則にしたがうなれば、今日は、過去世から昨日にいたるまでの長い長い「業《ごう》」の流れのなかの結果があらわれているのであり、明日は、今日までの「業」の成果である。明後日は、

さらに明日の「業」が加わってゆくであろう。

人間、生まれ変わり死に変わりしていくうちに、善因は善果にあらわれ、悪因は、悪果にあらわれる。今日、いいことがあるのも、過去に播いたタネの果実であり、だからといって、その今日に慢心をおこして、人を悲しませたりしていると、やがて、いつかの日に自分に報いてくる。

私は、吉峰寺時代から、成人式など若い人の集まりに招かれて、お話をする機会に恵まれた。そういう席で、私は「未来」に希望いっぱいの若者を前にして、むやみに「未来」に幻想を抱くのではないとたしなめることにしてきた。

未来を思うなら、今日をより善き人間として生きよ――といってきた。

今日を荘厳することこそ、若者にとって未来がほんとうの「宝」になるのである。

犬のように食え

坐禅はいいが食事はかなわん

坐禅はそれほど苦にならなかったが、三度の食事にはまったく降参した——禅寺で坐った人は、きまってそういう。

私のいた福井の吉峰寺などでも、近年、会社の研修会や団体の参禅会がさかんになり、短いので二泊三日ぐらいから、一週間、十日と坐っていかれる。ただ坐禅だけをするのではなく、それは一日二十四時間、僧堂に準じた生活を送ってもらうのであり、たとえば朝は、朝課（朝のおつとめ）、暁天坐、粥座《しゅくざ》（おかゆの朝食）、作務……と、いわゆる講習のスケジュールに入る前後は雲水なみの（実は雲水ほどきびしくはないのだが、一般の人々には、ほとんどそのような体験と実感するらしい）日程がぎっしり詰まっている。

事実、指導させていただく私たちのほうでも、初心の人たちだからといって、なるだけ手心を加えないつもりでやる。もちろん、坐りはじめた雲水とは、参禅の動機も決意も違うのだから、四六時中、怒鳴り散らさねばならないような張りきりかたはしない。大目に見るべきところは大目に見る。そうでなければ、私たちのほうが怒鳴り疲れて、くたくたになってしまうであろう。

けれども、僧堂に準じた生活だから、あくまでも生活のめりはりだけはきちんとつけてもらう。外を歩くとき下駄をひきずったり、両手をだらしなくぶらぶらさせていると、容赦なく叱りつける。

そんなのは、まあいい。見咎《とが》めても、こちらが知らん顔をしていればそれで済むからである。手の抜けないのは食作法《じきさほう》である。禅宗では、飯を食うのも修行の一つであり、この修行だけは避けて通れないからである。

そうではないか。食作法ができないからといって、これを省略しようものなら、その人は空腹のために目を回して、その後の行事にさしつかえてくるであろう。さりとて、普通の家庭でやる団欒《だんらん》という雰囲気で、自由におしゃべりしながらやってもらったのでは「行」ではなくなる。こればっかりは、手抜きできないのである。

いうまでもなく、禅寺の食事は精進料理である。精進料理といっても、京都や奈良の有名な料亭で出してくれる手の混んだ献立を想像してもらっては困る。もちろん、仏事や特別のお客さんを迎えるときは、お寺の台所をあげて御馳走をするが、講習会や坐禅会などの団体の方には、普段のものを召しあがっていただく。朝は粥、昼、夜は一汁一菜である。

こころみに昼の一例をあげると、麦三分の御飯に茄子の味噌汁、菜と油揚の煮つけ、それに香の物と、あとにもさきにもそれだけである。粗食である。むかし、人々の食事は貧しかった。地方によっては、米の飯など年に何回かしか食べることができなかったといわれる。しかし、いま、どうであろうか。こういう食事が三度三度つづくと、たまに町へ出て食堂の蠟細工を見たら気絶するであろう。

それを禅寺では、いつもいただいている。いつも、である。研修会や坐禅会のときだけ、特別にそうしているのではなく、普段のものを、普段のとおりにいただいてもらう。普段、われわれは、そういう粗食を、この上もなく、おいしくいただいている。この場合、おいしくというのが味噌であろう。

なるほど、材料も献立の内容も、たとえようもないほどお粗末なものだが、材料が乏しいだけに、調理に真心がこもっている。いかにおいしく口にしてもらえるか、苦心している。禅宗の台所では、かつおや雑魚というなまぐさのだしを一切つかわないのはもちろんだし、いま流行の化学調味料で味を誤魔化すような真似はしない。あくまでも、自然のだしで、自然の調味料で、自然の味を自然のままに抽き出すところに苦心があり、腕の振るいどころがある。

その苦心をいただくのである。そうした苦心が、やがて自分の血や肉になるという感謝のこころを表現しつつ、自分のものにさせていただくのである。修行といえば、これにまさる感謝の行はあるまい。

したがって、最低一定限の作法はまもってもらわねばならず、食事も胡座《あぐら》をかいて左右と大いに談じながら、というのは困る。正坐と沈黙、これは禅宗の食作法の原則である。

同じ禅でも、臨済宗のほうがかなりきびしくやっておられるようだ。和尚を先頭に、それぞれ布帛に包んだ自分の椀をもち、整然と列をつくって入堂するところから、食事の前後に読経をはさんで、厳粛そのものと聞いた。

給仕人も当番制で、汁、飯の給仕も雲水と同じようにやる。この間、一切、会話なしで、汁や飯の分量も、合掌した手をすりあわして（禅宗ではこれを「切る」という）、その音で、意志を相手に伝える。静粛の証拠であろう。周囲がざわついていたのでは、掌で「切る」音などつたわるはずはない。その間、手順を間違えたり、食事中に音をたてたりすると、遠慮会釈なく、和尚の罵声が飛ぶ。

これに比べて、わが曹洞宗では、いや、いままで吉峰寺などで私のやっていた研修会にかぎっていえば、すくなくとも、はじめて参加した人がまごつかない程度に省略してきた。にもかかわらず、三度の食事が苦だったという。正坐と、声や音をたてずに食うというのが苦痛だったという。

犬の食事と「以心伝心」

数年前になる。福井県下のある企業の管理職の人が、吉峰寺へ研修会の打合せに来て、冗談ごかしに、

「方丈さん。あの食事を犬のように食うというわけにはいきませんか」

といった。面白い。犬のようにというたとえが気に入った。餌鉢に顔をつっ込んで、ガツガツと食わせればどうであろうかという発想が人を食っている。そのようにやらせたら、また、別の意味で壮観であろう。

「その通りである」

と私はいった。

「その通り、犬は犬のように食っている。人間は、人間のように食う。それ以外、何も繕うことはない」

考え直すまでもなく、犬は犬だから、あの食いかたがいいのである。理にかなっている。犬流に食っているのである。家畜であれ野良犬であれ、ありついた食事にせい一ぱい感謝して、全身全霊でよろこびを表現して、あのように食うのである。もし犬に言葉があるならば、食前には「五観の偈」をあげ、食後の言葉をとなえるであろう。不幸にして言葉がないから、ああやって、ひたすら食らい込むしかない。

それにひきかえ、人間には言葉がある。言葉だけでなく、眼や所作や「心」で表現する力をもっている。仏教ではこの表現力を身《しん》・口《く》・意《い》と三つに分けている。身体と言葉と、意《こころ》である。身体で表現されるものは、身体で応えなければならない。言語で表現されたものは、言語で返す。意《こころ》をこめた真心は、意《こころ》でもってこたえる。つまり、そういうことである。

いったい、人間のできる「会話」といえば、言語の世界しかないという思い違いが一般的なのは、どうしたことであろう。

たとえば、親子の断絶をいう。親子の断絶といえば、親と子の間に「会話」が途絶えてしまった形を思い浮かべる。反対的な情景として、親と子が、つねにおしゃべりを交しているすがたを思う。だから、良き親たらんとする人は、つとめて子供とおしゃべりを楽しむようにしているらしい。愚にもつかぬ努力であろう。

考えても見るがいい。口は重宝というではないか。阿諛《おべっか》、追従《ついしょう》、お世辞、すべては言語の守備範囲である。いや、口が重宝ゆえに、そういう罪をつくる。子供と「会話」を絶やすまいとつとめて努力している親は、知らず知らずに、この罪に馴染んでいるであろう。そうではないか。当今のように、時代意識がめまぐるしくかわる世相下にあって、二十代も三十代も隔てた親と子が、同じ地平で、同じ意識で会話を交すなどというのは、どだい無理な注文なのである。

無理をあえて通して、麗しいその情景を現出せんとすれば、どちらかが自分の地平なり意識なりを放棄していることであり、妥協にほかならない。

親が妥協すれば、自然、子におもねるようになり、子が妥協していれば、口先だけ親に合わせて、肚の中では、子供をねじ伏せたつもりで得意満面の親を、馬鹿にしきっていることであろう。

ついでにいう。アメリカに長らく滞在していた男が、日本へ帰ってきて、やれやれという顔をしていったものである。あちらでは、夫婦が、それもトウが立って、とても出産能力も、生殖能力すらなくなったようなカップルまで、たえず「アイ・ラブ・ユー」といっているそうな。朝起きたら「アイ・ラブ・ユー」、夜やすむまえに「アイ・ラブ・ユー」。

まったく夫婦が顔を合わせているかぎり、余は汝を愛すという言葉の洪水であり、本気でそれをいっているといい、日本人では、とても考えられぬ景色だというのである。日本でそんな振舞いをしたら、発狂したか、あるいは、妙な下心をもって、故意にそうしていると悪く勘ぐられても仕方がないであろう。

ついでのついでに、好きな落語がある。飲んだくれの亭主が、へべれけに酔って帰り、女房に無理難題を吹っかけ、悪罵のかぎりをつくしたあげく、深夜に酒屋を叩き起こして買ってこいと命ずる。女房は、買いに出るふりをして、様子をうかがっていると、安心した亭主は、大声で独り言をいう。ああはいってみたものの、俺には出来すぎたいい女房だ。ありがとう、感謝していますよ――。

その一言を聞いて、思わず飛び出してきた女房が、「おまえさん」と眼をうるませたところ、亭主は、大いに困るのである。この、困るところがいい。本音を聞かれてしまって、身も世もあらぬほど困るところが気に入っている。日本の夫婦の機微は、こうであろうし、この落語を寝言にまで「アイ・ラブ・ユー」といいかねないアメリカ人に聞かせたって、理解に苦しむだけであろう。

私は、文明批評家ではないから、大きな口を叩く資格はないが、それはそれで良いのである。

狩猟のための集団を背景としたヨーロッパ文明の流れを汲むアメリカは、「契約」の国である。集団は契約とオキテによって守られる。そこで、なんでも神と人との関係にまで契約があるというではないか。だから、夫婦といえども、夫婦という契約関係をあきらかにしつつ生きていかねばならないし、そのために、余は汝を愛するという誓いの言葉を、その証しとして捧げつづけねばならないのである。

その義務を怠ったからというので、愛は失せたという一方的理解が成立し、離婚沙汰になって莫大な慰謝料を請求されても仕方がないのであって、そうした恐怖にかられて、夫は妻に汝を愛するとささやきつづける。

それに対して、我が国はトヨアシハラノミズホの国であり、農業国家であった。種をまいて収穫するという大自然の恵みの中での共同であり、契約やオキテといった人為的なものを必要とする以前に、自然がすべてをとりしきってくれた。そういう伝統のうえに、仏教という文明が入ってきた。

私が仏教というなら、それは禅である。禅では、「以心伝心《いしんでんしん》」を尊ぶ。このことは前にも書いたが、釈尊が花を拈《ひね》って見せたところ、迦葉尊者だけが、ニッコリ笑ったという「拈華微笑《ねんげみしょう》」の有名な話は、とりもなおさず、この「以心伝心」をいっている。

「わかった」という世界である。お釈迦さまが百万言を費してわかったのではなく、花を拈ったというただそれだけのわずかな行為で、わかったのである。本来、「会話」とは、これでなければならない。別にむつかしいことではない。夫婦が、お互いの目の色を見ていたら、およその心中の察しがつく、というのである。これこそ「身」の表現であり、「意」の表現がつたわったのである。

食事もまた修行である

話は、脇道に外れた。ここは、食い物の話である。いや、禅寺における、食いかたの問題である。

右に、犬が餌鉢に顔をつっこんでガツガツ食うのは、犬流の感謝の念をこめて、食事にありついているのだと書いた。ここでいうなら、犬は犬の流儀で、あたえてくれた人に感謝の「会話」をしていたのである。もちろん、犬には「感謝」という意識世界はあるまい。そのかわり、さも感謝しているかのように表面だけとり繕って、心の中で舌打ちしているような気の利いた芸当はできない。ガツガツ食うことが、犬の「身」の表現である。

そこで私は、かの、犬のように食うことを提案した人物に、

「犬ですら、ものをいわずに食う。おしゃべりをしながら食う犬など、見たことはない」

といってやった。

「なるほど」

と、相手は半ば納得し、半ば呆れ顔で帰っていった。多少、人を食った返答だったと反省したが、なあに構うことはない。もともと、相手が人を食った提案をもちだしてきたのである。

念を押すようだが、禅の食事が正坐と沈黙のなかで行なわれているのは、犬が全身全霊で食うのと何ら変わらないのである。人間も、ものを食うという営みに全身全霊を打ち込ませるべく、まず、必要最低限の条件として、正坐と沈黙をまもらせる。おしゃべりのついでに食事をする。くつろぎの時間のあいだに腹を満たす、というようなことでは、せっかくの食事に対して申し訳がない。

そうであろう。一膳の御飯を生産したお百姓さんが、おしゃべりのついでに農事をやったか。大いにくつろいだ気分で仕事をしたか。そうではあるまい。一粒一粒、それこそ天地に祈るようにして播いた結果にちがいなく、そういう労苦には、祈りに近い気持ちで、こころをこめて

こたえねばならぬ。

一粒の米、という遠い由来から説きおこすと、実感がなさすぎるというなら、もっとも身近な台所のことを考えればいい。一家の主婦だって、遊び半分で食事の支度をする人は、まずあるまい。いくら電気製品が便利になったといっても、おしゃべりの片手間で、というわけにはいかないのである。

まして、禅宗では、台所方の仕事も修行の一つであり、それこそ、全身全霊でやらねばならない。この役目を「典座《てんぞ》」という。堂内三宝のまかないを担当するために、六知事の一つにかぞえられるほど重要な仕事なのである。だから、単なる料理方ではない。普通の料理方なら、要するに巧みに庖丁をさばき、おいしい味つけをして綺麗に盛りつければいい。それは、技術にかかわることである。しかし、典座は、技術より先に「心」が問われる。

道元禅師は、この役に当たったものは、喜心・老心・大心の「三心」をもって当たらねばならない、と説かれた。

「喜心」とは喜ぶ心である。自分にあたえられた仕事を素直によろこび、感謝する心である。無理によろこべというのではない。もともと人間の仕事すべからくそうではないか。農業であれ商家であれサラリーマンであれ、半世を仕事一本に打ち込んでいくには、いくら不満や悲哀はあっても、それはそれなりに喜びを感じているはずで、そうでなければ、続く道理はないのである。その喜びを、喜びのままに味わってゆく。とりわけ、典座は、尊い仏法僧を供養する仕事なのである。僧堂に集まった人は、この典座の供養を受ける。

「老心」とは、親切心であると道元禅師はいわれる。本当の親切心とは、親のような心でなければならない。親が子を育てるときはまったく無私であり、「私」をなくしきったところに、ほんとの「老心」がある。典座は、親が子に離乳食をつくってやるような、無心な心がけでなければならない、ということであろう。

そして「大心」とは、字義どおり大きな心。山のように高く、海のように深い心である。ぞくに心の大きな人という。それは、泰然として、ものに動ぜぬ心であろう。「八風吹けども動ぜず」という。その心である。

動ぜず、といっても、まったく動かないのではない。動かない心は死んだ心である。人間の心は、機に臨んでたえず動かねばならない。しかし、心の大黒柱は動いてはならないのである。典座の仕事でいえば、いかなる材料をあたえられても、うろたえてはならない。臨機応変、たちどころに調理しなければならないということである。

かかる「三心」をもって、典座は三度の食事を提供している。典座は、食堂にまでしゃしゃり出て、その苦心のほどを披瀝したりはしないが、たとえ献立は貧しくても、この「心」をいただいてほしい。「心」に会釈してほしい。典座が真心をこめて一心不乱につくったものに、真心でもってこたえてもらいたい。

「身」でもって捧げられたものには「身」で、「意」でもってしたものには「意」で、それがほんとうの人間の会話というものであり、そういう会話をゆたかにするために、禅堂の食作法がある。正坐と沈黙が、それなのである。

沈黙のなかに無限に広がる会話を大いにたのしんでもらいたい。

何のために食うのか

とはいうものの、まったくのだんまりむっつりでは、「心」は閉ざされっ放しであろう。やはり、何らかの形で会話をひきだしてやらねばならない。そこで、食前に「五観《ごかん》の偈《げ》」を唱える。セレモニーである。セレモニーといえば、形式的に、という理解を生むかも知れないが、そうではない。

人間、心を一つにするには、思い思いの発声では、なかなかできたものではない。「唱和」

という。共同で一つの事に当たるには、なにはさておき、和することが大切なのである。一つの言葉を同時にとなえる。そこで、みんなの心が一つになって、すくなくとも余念をとり除かねばならない。

「五観の偈」はいう。

一つには、功の多少を計り、彼《か》の来処を量る――すでに述べた。一膳の御飯が供せられるのも、遠くお百姓さんが一粒の種を播いたところから由来する。まず、その徳と恩をしのぼうではないか。

二つには、己れが徳行《とくぎょう》の全缺《ぜんけつ》を忖《はか》って供《く》に応ず――自分に、この御飯を大威張りでいただけるだけの徳があるかないか、まず問うてみよ、という。自分に、それ相応の徳がなければ、食べることは出来ない。「食えなんだら食うな」である。御飯をめのまえにして、そういう切羽つまった問いかけを自分にしてみると、どうであろうか。全缺を忖る、という言葉のきびしさが、いまさらのようにせまるであろう。

完璧な人間なんていないのである。本来、完璧な人間にのみ許される食事を、もったいなくも、これからいただくのである。

三つには心を防ぎ過《とが》を離るるは、貪等《とんとう》を宗とす――宗とす、とは根源となる、の意であろう。

貪《むさぼり》や怒り、愚痴を離れていただかねばならないことをいう。ここは、食事に対する心構えである。食事に対して不平の念をいだくべきでない。もっというなら前項の気持ちに立ちかえって、不平をいえた自分かよ、という心境でなければならない。そして「貪」、つまり、貪り食うのをいましめたのは、次項につづく。

四つには、将《まさ》に良薬を事とするは、形枯《ぎょうこ》を療ぜんがためになり——医者が薬を盛るとき、子供と大人はおのずから分量が違う。子供の薬を大人にあたえても効き目はないし、大人用の薬を子供に投与すれば、薬はかえって毒になる。要は、形枯を療ぜんがためなり、体を枯らさぬように、その程度にいただくのがいいのである。

五つには、成道のため故にいま此《こ》の食《じき》を受く——この一項が、もっとも肝要なのである。何のために食うか、それは成道のため故にである。この身で、お釈迦さまと同体の悟りを開かしていただく、という、その尊い一事のためにのみ、食事をいただかねばならぬのである。いわんや、食事を得たことによって元気を出して、悪事を企むなど論外である。清浄の食事を得たことによって得られたものは、清浄の結果をまねかねばならぬ。

上分三宝《じょうぶんさんぼう》　中分四恩《ちゅうぶんしおん》。下及六道《げぎゅうろくどう》　皆同供養《かいどうくよう》。一口為断《いっくいだん》　一切悪《いっさいあく》。二口為修《にくいしゅ》　一切善《いっさいぜん》。三口《さんく》

為度《いど》　諸衆生《しょしゅじょう》。皆共成仏道《かいぐじょうぶつどう》。

ごはんのいただきかたである。まず、上のほうは、仏・法・僧の三宝のためにこれをいただく（上分三宝）。中のほうは、父母、あらゆる因縁のある人々、国家、仏法の四恩に感謝しついただく（中分四恩）。下は、地獄・餓鬼・畜生・修羅・人間・天上の六道の人々を供養せんがため（下及六道　皆同供養）となり、さらにこれを、一口目、二口目と分けて、その心得がさとされる。

一口目は、一切の悪を断たんがために（一口為断　一切悪）。二口目は、この世に善を修するために（二口為修　一切善）。自分ひとりでなく、みんなと一緒に成道を得んがために（三口為度諸衆生　皆共成仏道）というのである。

これだけのこころをこめて、はじめて禅宗の食事が成立する。食事中の一切の沈黙は、それだけのひろがりを意味するという。どうであろうか。これほどの誓いの言葉を唱えて、諸君はまだ周囲と大いに談笑しつつ食事をしたいと申されるか。

禅堂の作法だけではない。せめて週一度、普通の家庭の食事のおりに、これを思い出されたらいかがなものであろうか。すくなくとも、女房の献立への不満をつのらせるより、おのれの分際が自覚されるであろう。三度三度、胃袋さえあきあきするほどの美食にありつけた俺だったかよう、という心境にいたるであろう。それだけでも、功徳というものである。

禅では「知足」という言葉を大切にする。足るを知る、である。

ここでいう「足る」とは、かならずしも量的なものばかりではない。食事についていえば、腹いっぱい食う状況を指すとは限らない。質的なものも、含むのである。たとい粗食でも、自分をふりかえり、ありがたくいただこうではないか。

精進料理の精神とは

食いものの話のついでに、精進料理について触れておきたい。

私は出家して以来、ずっと精進を通してきたことは、何度か触れたが、その話題のたびに「御不自由でしょう」といわれる。ほかでもない。僧侶としての生活だけなら、精進でおし通せるだろうが、在家の人との接触の機会もないではない。祝賀パーティーとか、結婚式とか、そこは、義理というものだけではなく、心から、お祝いに行ってあげたい場面もある。そこでは、出された食事を、心からおいしくいただくのが礼儀というものであり、お祝いの本義であろう。

が、だからといって、私が半世紀にわたってまもってきたものを、枉《ま》げるわけにはいかないのである。

ことわっておくが、私は、私独り高しとして、この精進をまもっているのではない。高いも低いも、私のように仏道修行の道からいえば至らぬものが、せめて、精進くらいまもらせていただかねば、禅僧でございという顔もできたものではないのである。そういう気持ちで、いる。ところが、

「そう、お固いことを言わずに」

とすすめられる。なんか、依怙地《いこじ》になっているようにとられているようである。そうとられても仕方がないが、私は、大いに困惑するほかはない。なかには、

「一遍ぐらい、いいではありませんか」

という人もある。冗談ではない。一遍、とは百遍も千遍も同じである。精進を落としたら、それでおしまいなのである。

そういうきわどいなかで、私は、なるだけ、周囲の人の気分を害さないようにつとめつつ、出された料理のうち、なまぐさの入ってないものだけえらんで頂戴するようにしてきた。全部がなまぐさなら、仕方ない。「食えなんだら、食うな」である。お茶だけ、あるいは、水だけ、

ありがたくいただく。酒類も同様である。

「それで、よくもちますね」

ともいわれる。体が、である。その通りである、と答えるほかはない。

もつかもたないかは、私がいま現に生きているということで、立派に証明しているではないか。ただ、空気を吸って、血液を循環させて、辛うじて生きているのではない。この年になって、作務もやれば、托鉢もやる。全国の同年配のお年寄りの誰よりも私は、体を動かしているであろう、という自負がある。

そういうものである。精進料理のほうが、体に適《あ》っているのである。かつて、日本でオリンピックが開かれたとき、ローズという水泳選手が、金メダルを獲得した。それほどの偉業の秘密が精進料理にあったという母親の談話を新聞で読んで、我が意を得たり、という気がしたものである。

なんでも、ローズ選手は、来日して三日間、精進料理でおし通したという。その馬力が、世界の強豪たちをおさえて、一位に入賞した。同じように肉食をしていたら、どうであったかわからないであろう。

「食肉の十過」ということがある。肉食は、人間を健康にするどころか、かえって害があるというのである。健康といっても、かならずしも、生理的健康だけではない。精神的な健康というこ とをふくめていいましめられた十項の一部を、ご参考までに左にあげておこう。

①一切衆生、無始以来、皆是れ己が親なり、仏なり——一切衆生というわけは、人間以外の生き物も含まれている。人間、生まれかわり死にかわりした長い長い「いのち」の流れのなかで、そうしたすべての有情《うじょう》とかかわりをもっている。わたしたちが、前の世で食肉用の動物や魚であったかも知れず、あるいは、次の世でそれらに生まれ変わるかも知れない。そういう因縁で、いま、この世にある人間以外の生き物と親子の縁をむすんでいるかも知れず、そうした仏教的な生命観に立ってみれば、親か子かも知れぬものを食べられたものではないであろう、というのである。

②肉を食する人は、衆生を見て恐怖す——因果応報である。人間のために命を落としたもののその悲痛は、かならず、むくいるべきものにむくいてくるであろう。

③他の信心をこわす。

④慈心を損少し、行人《ぎょうにん》は食すべからず——説明無用であろう。慈悲心をなくした修行者(行人)など、もはや、害でしかない。

⑤〜⑨略

⑩死にて悪道に堕す――仏教では、仏が裁いて、地獄や極楽へ行く道を決定するのではない。すべては、自分の業《ごう》のまま、行くべきところへ行くのである。善因善果、悪因悪果、自分のやっていることが、善行であれば、善果を得て、極楽に生ぜしめる。

悪行であれば、悪果を生じて、地獄におちる。

肉食することは、直接行為でなくても、それは、殺生をしていることと同じなのである。

地震ぐらいで驚くな

死ぬのは結局おのれ一人

地震のことが、話題になって久しい。

なんでも、駿河湾のあたりを中心にして、でっかいのがやってくるそうだ。やってくるという予兆があり、地盤の動きを学者が調べ、確実にやってくるという予言をしている。

「こんどは、表のほうらしいですな」

私のいた吉峰寺に、年配の信者が来て、なんとなく地震の話になった。こんどというのは、ほかでもない。この人、戦後、大型地震に遇っている。例の福井大震災である。鉄筋のデパートが、縦に真ッ二つに割れるほどの大荒れだった。そんななかで、あやうく一命をとりとめたこの人にとっては、地震の話題は、他人事と思えないのであろう。

「また、大勢の人が死ぬんですなあ」

「うん」

と私は応じた。応じておいて、待てよ、と思った。この、大勢の人が死ぬ、という状況認識のなかに、なにかカラクリがありそうな気がした。

たしかに新聞は、そのようなとらえかたをする。たとえば、現在の東京および首都圏の超過密のところへ、関東大震災クラスのやつが襲ってくると、およそ何百万の人が罹災《りさい》し、何十万の人が死ぬであろうという予想を立て、それだけの犠牲者が出なければならぬ必然性を説く。駿河湾の地殻変動についても、それが震度いくらという事変になってあらわれたとき、何県の何市でいくらいくら、という数字をあげているのを読んだ記憶がある。

競馬の予想と違って、このほうは、当たってくれないほうがありがたいのだが、大いに当たりそうであり、事実、そういう天災に対しては、全く無防備な現在の都市環境の実態を暴露しているだけに説得力がある。たぶん、そうなるであろうと、人は思う。

だから……と、このあたりが新聞の面白いところだが、別の紙面で必要最低限、人は自衛しなければならないと説く。万が一に備えなければならない。非常時に持ち出すものや携行品を用意しておかなければならないし、ぐらぐらとくれば、これこれの手続きを踏み、すみやかに避難所へ急がねばならない、と懇切丁寧である。

けれども、そのようにすればかならずたすかるか、というと、きわめて歯切れが悪い。また別の紙面では、いったい過密地帯のどこに避難民を収容するだけの空地があるのか、と指摘し、たとい人がわずかな空地に殺到しても、一たび地震に伴う火魔に襲われようものなら、たちまち集団焚殺場と化するであろうと、自信をもって、この世に焦熱地獄の現出を予言する。

この予言には、迫力がある。戦慄すべき洞察である。事実、新聞を読んで戦慄を禁じ得なかった人は、すくなくなかったであろう。とりわけ、駿河湾周辺、と名指しされた土地の人たちは、生きた心地もなかったにちがいない。にもかかわらず、この地方が空っぽになったという話を、いまだ聞かない。

戦後の都市集中化現象のように、人口の大移動が始まったという報道はない。天変地異の予知能力があるといわれるネズミの群なら、とうに逃げ出してしまうはずのところに、人は、平気で住んでいる。あるいは、平気ではないにしても、やむにやまれず、戦々兢々《せんせんきょうきょう》として、腰をおちつけている。

右に「カラクリ」といったのは、この辺の機微である。

新聞は、具体的な予測数字をあげつつも、実は「大勢の」人が死ぬであろうということしかいっていない。大勢の人が死ぬということは、反対にまた、大勢の人が助かるということでもある。何百万人の罹災者のうち、何十万人が死ぬといわれれば、数字的には、何百何十万人の人が助かるという道理であり、実は、この道理こそ曲せ者のようである。

こういう数字をつきつけられると、人は得てして、人生最大の事業たるべき「死」ということを、数字的にとらえる。大勢の人が死に、それにも増して、なお大勢の人が助かるといわれれば、人情として助かるほうへつきたいであろうし、事実、数字的にはその可能性が大であり、つきたいと思ったとき、ついたような気分になるであろう。

まさしくカラクリである。私は、福井の信徒の人と話していて、そのことに気がついた。私はひとまず「うん」とうなずいた前言を翻さねばならなかった。

「ちょっと待て」

と私はさえぎった。

「死ぬのは、決して大勢ではない」

相手はけげんな顔をした。

「そんなこと、わかりますか」

「わかるとも」

私は胸を張って、言葉を継いだ。

「死ぬのは、一人《ひとり》じゃ」

「まさか……」

からかわれていると思ったらしい。からかっているのではない、ということを説明しなければならなかった。

「もし、ここで、ぐらっとくる。ここへ天井や梁《はり》が落ちてくる。死ぬのは、あんたか私か、それはわからない。二人とも死ぬかも知れないし、どちらかがたすかるかも知れぬ。どちらが死んでも、死ぬのは、私一人ではないか」

相手は、深い吐息をついた。わかってくれたらしい。

「死ぬというのは、数字が死ぬのではない。おのれ一人。大死一番。覚悟は、できているだろうな」

地震だけではない。人の世、一寸先は闇である。明日、いや数時間後、数秒後に何事が起こるかわかったものではないのである。たとい何事が起ころうとも、あわてずうろたえず、泰然として人生の完結をできるのが禅の道であり、人生にとって、それが最重大事ではないか。

地震ぐらいで驚いてはいけない。たとい地震が来なくても、人はかならず死という局面を迎えなければならない。地震のような天災か、交通事故か、病死か、その死因は、人がかならず迎える死という局面の機縁にしかすぎないのである。だから、人はつねに、数時間後、数秒後の死を考えなければならない。いつでも死ねる用意をしておかねばならない。それには、禅が一番がよい。

「禅」という字は、「単」に「示」すと書く。「単示」という。字義どおりである。人生のありのままを、ありのままの姿で自分のハラに入れるのである。そのありのままの、もっとも端的な姿が、「死」ということであろう。人は、いつも死に直面しているということであろう。

咽喉《のど》が渇いたときに水を飲むと「うまい」と思う。そのように、いつも、渇いた状況で、禅に求めなければならない。

いつも渇いた状況におく――それは、つねに「死」という局面に対応しておくことである。大死一番こそ、禅の極意である。

といっても、なかなか、その肚がまえができるものではない。禅一筋に生きてきた和尚でさえそうなのだから、たまに非日常的な禅体験に入るだけの在家の人は、なおさらであろう。

神仏に背を向けた坊主の話

今次大戦も、いよいよ敗色の濃くなった昭和二十年のはじめだった。富山・光厳寺住職の某和尚が、突如として、経も誦まねば仏参もしなくなったのである。

ここでいう某和尚とは、私の師の頑牛ではない。その年、頑牛は、すでに鬼籍に入っていた。前年の昭和十九年、永平寺へ上山していた頑牛は、病いを得て、五十四歳の世寿を全うした。それで、後任に某住職が任命されて、光厳寺に入山したのである。

私は当時、富山の近くにある立山町五百石の竜光寺の住職をしていたが、手塩にかけた光厳寺幼稚園の園長を兼ねていたのと、光厳寺住職の補佐をするような立場にもあり、ちょうど、両寺のあいだを往復するような、日々だった。

昭和二十年、日本の本土空襲は、次第に激しくなっていた。三月はじめの東京大空襲を皮切りに、B29の絨毯《じゅうたん》爆撃は各地に伸び、福井市も戦災を受けた。富山に焼夷弾の雨が降ってくるのも、時間の問題だった。

そんなとき、某和尚が変心したのである。神国日本に神風が吹かないではないか、といった。仏もいっこうに救いの手をさしのべないではないか、といった。神も仏もあるものか、である。そんな神仏を前に、経を誦んだり修行をしたりして何になるのか、というのであろう。

経も誦まず、修行もせぬ坊主は、もはや坊主ではないどころか、神仏を否定するものは謗法の徒であり、そういう謗法の徒が、「住職」という肩書きをもって大威張りでお寺に居坐っているのは、考えてみると妙な風景だが、それも時代というものだったのであろう。

日時は、忘れた。夜だった。ついにB29が富山にやってきた。それもだまし討ちのようなやりかただったので、市民は不意をつかれ、被害も大きかった。

夜だった。B29はまず金沢へ飛来した。そこを素通りして、富山に機首を向けた。市内に空襲警報のサイレンが鳴り響いた。市民はかねてから指導されていたように、それぞれ避難した。ところが、B29は、富山を無視して、新潟方面へ去ってしまったのである。避難していた人たちは、それで済んだと思った。

それはそうだろう。七十機にのぼる重爆撃機の大編隊が、最初から富山をめざしてきたのなら、一旦やりすごしておいてからUターンして戻ってくる、というような面倒なことはしないはずである。当時、日本上空は、日本の空といっても飛び交うのは米軍機ばかりで、制空権は完全に敵の手中に掌握されていた。戦略的に、そういう手続きを踏む必要もなかった。

その必要もないことを、やってのけたのである。一旦、東に向かい、長岡を爆撃したあと、くるりとかえして富山を襲ったのである。ちょうど、市民が安心して避難先からかえり、眠りについたところだった。もとより、戦争に「人道」も何もあったものではあるまいが、私はいまもって、このときのB２９編隊のとった非人道的な行動はわからない。

相手が戦闘員なら、そうして油断をさせておいて叩くというのも、一つの戦法であろう。が、いま富山市中に残されているのは、非戦闘員もいいところの、老人や婦女ばかりである。これは、襲撃ではなく、虐殺であり、なぶり殺しというものであろう。

事実、眠りについたばかりの市民は、不意討ちに面食らった。逃げまどう市民の頭上から、ゆっくり旋回するB29は、焼夷弾を撒きちらした。そのB29の憎々しげな姿がくっきりと浮かぶほど、夜空が真ッ赤に焼け、真ッ赤な空から、無気味な音が降りそそいだ。

悲鳴のような音をあげて、焼夷弾が落ちてきた。あの音を、いまだに忘れることはできない。焼夷弾と、子供や女性のあげる悲鳴が、地鳴りのように、市中に湧きあがった。まさに、焦熱地獄である。私は、多くの市民とともに、この世にも地獄図が出現することを、みとめねばならなかった。

ついに光厳寺も炎上した。立派な伽藍群も、苦心して建てた会館も、噴き出すような火柱をあげて、燃えた。私はそれを境内に掘った防空壕のなかで見届けた。大伽藍は、完全に焼けおちるまで、かなりの時間がかかった。

ふと、我にかえると、防空壕のなかで、寺のものが、みんな、呆然と火を見守っていた。業火に照り映えた顔は、赤不動のようであったが、あの不動明王の忿怒のすがたではなかった。忿怒というような、力強い意志力はなく、みんな自失したように、ただ、眺めているだけであった。

そんななかで、住職の某和尚だけが、口をもぐもぐと動かしていた。何事か呟《つぶや》いているようでもあり、歯に馴染まぬものを咀嚼《そしゃく》しているようでもあった。なんと、それは、経を称えていたのである。

「般若心経」だった。日本が次第に焦土と化しつつある頃、神も仏もあるものかと、神仏に愛想づかしをして、お経も誦まぬようになった和尚が、いざ、地獄図に説くところの火車来現《かしゃらいげん》という場面に直面してみると、無意識に、経文が口をついて出たのである。

私は、この和尚のことを思い出すたびに、微笑を禁じ得ない。和尚が経を誦まなくなったのは、神仏を否定したのではなく、あまりの現実のひどさに、神仏に拗《す》ねてみたかったのであろう。経も誦まぬと宣言することが、神仏に対する和尚流の「祈り」だったにちがいない。本気で排仏したのではなく、そういう態度を表明しなければならないほど、仏に頼っていたはずであった。

それは自分のこととしてではなく、空襲の犠牲になった多くの人々への一種の鎮魂として、そうせずにはおれなかったのであり、それが今度は、翻って自分の身の上にふりかかってきたとき、自分が生死の境に立ったとき、和尚は、拗ねているはずの自分をも忘失した。

この禅の大先輩は、決して軽忽な人ではなかった。資質は温厚。どっしりとして、いかにも禅によってきたえあげた人柄の大きさに、つつまれてしまいそうな人物であった。それほどの人が、我を忘れた。火車来現を、他人事として、神仏に腹を立てていた。こういっては、これほどの先輩には失礼だが、やっぱり、これは禅僧にとっては狼狽《ろうばい》である。この和尚にしてなお、

「死ぬのは一人」

という道理に背を向けていたのである。

忘れることのできぬ戦争の体験

話のついでに、というわけではないが、この空襲による大量殺戮のその後について触れておかねばならない。

悪夢のような一夜が明けると、無残な焦土だった。昨日までの整然とした街並みが嘘のように、一面の焼け野原である。瓦礫の山は、まだ、さかんにくすぶりつづけ、その煙のなかに、逃げ遅れて死んでいった人の焼死体が埋まっているはずだが、この段階でまだ、それはわからない。後で判明した数字だが、この夜の犠牲者は、三千人。襲来したＢ29は七十機だから、一

機あたり四十三人の市民を屠殺していることになる。

焼け跡にぼつぼつ姿を現わした市民は、みんな為すこともなく、呆然としていた。しかし私は、そうしておれない。私だけは、為さねばならぬことがあった。

私はひとまず、五百石の竜光寺へ戻った。立山町のような田舎は大丈夫という安心感はあるというものの、やはり自坊も気がかりである。果たして、平静だった。土地の人は、被災地にいた私の身の上も案じていてくれた。お年寄りなどは、私の手をとって、よかったよかったと、涙を流して喜んでくれた。田舎の人情である。

そして、ここでも「一人」なのであった。犠牲者三千人という数字よりも、私一人の安否が問題であった。老人たちは、二度と富山のような危険なところに行かず、ここにじっとしているようにと忠告してくれた。忠告はありがたいが、私は再び富山へ行かねばならない。線香やローソク、それに、道中用の小さな鐘《かね》といった、これからやらねばならぬ仕事に必要なものをとりに帰ったのである。光厳寺では、これらのものまで、すっかり焼失してしまっている。

翌朝、国民服に地下足袋、それに網代笠《あじろ》というういでたちで、富山へひきかえした。一夜のうちに、焼け跡のあとかたづけが始まっていた。なにはともあれ、死骸の始末である。戦災や震災の報道写真を見ると、死屍るいるい、という風景になる。そうやって、折り重なって死んでいったような印象を受ける。しかし、実際はそうではなく、後始末の段階で集められた状況であろう。

被災の直後、地表に転がった屍体よりも、瓦礫の中に埋まったものが多くて、なかには、いまだに助けを求めるように、土の中から焼けだされた腕が虚空をつかんでいるのもあった。防空壕の中で直撃弾を受けたのであろう。掘り出された遺体は、ほとんど人体の形をとどめぬものもあったし、まだ生きているような姿のものもあった。後者はガスにやられたのであろう。

私は、掘り出された屍体をみつけると、その前に立って、読経をした。最初は、読経のときだけ、簡略な袈裟を掛けていたが、そのうちに、着けたり脱いだりが面倒になって、そのまま、屍体から屍体へ渡り歩かねばならなかった。また、私の姿を見つけて、こちらへ先に回ってほしいと頼みに来る人もあった。このさい、宗派など構っておれなかった。

異臭の立ち込めるなかで、私は声もかれよと「般若心経」を誦んだ。死体の前にうずくまって、線香を手向ける人は、肉親もあったし、近所の人もあった。つい三十時間あまり前まで、顔を合わしていた人が、いま、こうして立場を違えての対面である。

若い陸軍将校が、部下をとむらってほしいといってきた。遺体のまま荼毘《だび》に付すのはしのびないので、柩《ひつぎ》がなんとかならないだろうか、と相談をもちかけられた。そんなもの、用意できる事態ではない。私は、セメント樽でも見つけておけ、といって、時間を約束した。その時間に行って見ると、ちゃんと、樽に荒縄がかけられてあった。軍人だけは、死後の葬られかたもちがったのである。

富山市内に、神通川という大きな河が流れている。大勢の人が、ここで死んだ。火魔のなかを本能的にここまで逃れてきて、結果的には逃れ切れなかったのであろう。堤防を歩いていると、八躰の女性の遺体を前に話しあっている十人ばかりの郵便局員があった。

遺体は、水を吸って、見るも無残にふくれあがっている。訳を聞くと、富山郵便局の本局につとめていた女子挺身隊員たちだった。爆撃がはじまったとき、局長は、局員以下全員に避難を命じた。正規の局員はいち早く避難したが、挺身隊員たちは、その後も残って業務を遂行していたという。

やがて局舎に火がまわったとき、書類をもって逃げたが、すでに、逃げ場所はなく、局の隣の堀に飛び込んだ。窒息死だったか、水死だったか。生き残った局員たちは、遺体をひきあげ、神通川の河原までもってきて、茶毗に付す相談をしていたところだという。文字どおり、身を挺して、業務に従事していたのである。

私は、次つぎに回らねばならなかったが、このときばかりは、積み上げられた焼け棒抗の上で白骨になってゆくまで、読経をつづけた。八躰の遺体は、まるで、最後の苦悶を再現するように火の中で、もだえ、やがて火中に沈んでいった。

それと前後して、森重次という人に会った。前後して、というのはほかでもない。私の焼け跡巡礼は幾日もつづき、一週間も十日も、馳けずり回らねばならなかったからである。森氏は県庁の課長をつとめていた人で、仕事の関係でかねてから親交があった。その人が、神通川の川っぷちで、三人の遺体を前にして呆然と佇んでいた。私が声をかけると、妻と、二人の子供が死んだ、という。それでどうするのか、と問いかけると、自分もここで死にたいという。

「馬鹿者！」

私は、思わず怒鳴っていた。

「死んで、どうなる。お前さんが死んで、この戦争に勝てるというなら死んでもよい。お前さん一人がたすかったのは、お前さんに、この無茶苦茶になった日本を建て直してほしいという願いがあったからではないか。そういう、奥さんや子供さんの声が、聞こえぬか」

私は、人を頼み、その場で森氏の三人の家族の遺体を火葬にする手伝いをしてもらうように準備をして、遺骨は、お寺へもってくるように命じた。その夜、森氏は粗末な布切れにつつんだ三つの遺骨を、光厳寺の焼け跡の仮小舎まで持ってきた。心なしか、まだ包みはほの温かかった。最愛の妻と、二人の子供の遺体を、同時に自分の手で焼かねばならぬ男の心中は、どうであっただろう。私は、その悲痛を思いやったが、わざと黙っていた。

その後、森重次氏は、県庁の重職につき、富山の復興に力を尽した。「死者の声」をきいてくれたのであろう。が、何年経っても、そのときのことを思い出すと、ぽろぽろ涙を流したものである。

やがて、砺波《となみ》や周辺の地域から消防団が出動して、三千の遺体はあらかた片づいた。それは茶毘に付すというような情景ではなく、死体焼却作業というにふさわしかった。死体をまるで材木のようにトビグチで突き刺して、一ヵ所に集め、石油をぶっかけて、火を点ずるのである。無数の遺体は、真ッ黒な煙をあげ、炎のなかで生きもののようにうごめきながら、灰になっていった。

私の仕事は、ひとまず済んだ。疲労しきった躰をかかえて、五百石の竜光寺へ帰ると、仕事の済むのを待ちかねていたように、ひどい下痢に見舞われた。下痢《くだ》るわ下痢《くだ》るわ、数日間で腰が抜け、骨と皮になってしまった。町の老医者が診てくれたが、注射薬も服み薬もない。

私は、死を想った。ついに、そのときがきたか、と思った。私は、満足だった。

事実、あるいは、それが日本の終末かもしれないという不安はあったし、日本の終末に、僧侶として為すべきことは為したという満足感があった。私は、そのまま仏国土へ住み替わるはずであった。仏国土へ遷《うつ》っても、私はこの人類の悲惨を忘れないつもりであった。私は、仏になって、犠牲者の霊を救わねばならない。同胞の魂を、ひとつひとつ、救い上げなければならない。

いや同胞だけではない。そこは、「怨親平等《おんしんびょうどう》」の世界である。怨みもなにも消え果てた世界である。この大量殺戮をあえておかした敵兵のなかにも、犠牲者がいるであろう。それらの魂をも、安住の地へ引き上げねばならなかった。私は戦争という人類がひきおこす最高の「悪」のなかで、「悪」を超えねばならなかった。

ところが、どうだろう。檀徒の一人が、私の病状を聞きつけ、貴重な薬を秘蔵しているからといって、もってきてくれたのである。私は、それを服《の》んだ。下痢が止まった。

その翌朝、別の檀徒の者が、子供の誕生祝いに餅をついたからといってもってきた。私は嬉しかった。半月も前、数千人の人たちと生死を分けた私が、一つのいのちの誕生にあやかったのである。私は、日本の滅亡という暗い不安を払拭した。この子が、成人するころには、きっと日本は立ち直っているに違いないという確信をもった。

昨日まで下痢で苦しんでいたものが、餅を食うなどは自殺行為であろう。そういって寺内のものはとめたが、私は、その「日本の未来」を身につける思いで、すこし、いただいた。一片の餅が、私の体力の回復をたすけたらしい。

私は快方にむかった。

＊

それからまだ三十年しか経っていない。

三十年しか経っていないのに、地震がくるといえば、新聞はいたずらに不安をかきたて、人はむやみに騒ぎ立てる。われわれのいま突っ立っている大地は、そういうところだという体験を忘れたのであろうか。諸行無常である。地震という気まぐれな天変地異がいつやってくるかもしれないし、戦争という国家エゴが、再びあの地獄図を繰り返さぬという保証はどこにもないのである。

「平和」は、いまや絶対という位置にまで高められている。世界は「平和」でなければならぬ。再び大戦になれば、人類は滅亡するであろう。人類の生存のために、そうでなければならない。それを、いかに維持するか――残念ながら、それは私の持ち場でない。しかし、その「平和」も、一種の「虚構」といっていいような、そういうあやういところに立脚しているという不安感はぬぐえない。人は、そういう世に生きている。それに対する解答は一つしかない。

繰りかえしていう。

「死ぬのは一人」

である。

死ねなんだら死ぬな

生きるとは死ぬことである

ここは「承前」という形になる。

再び死ぬ話である。またか……と思われるであろう。坊主に死ぬ話という相性の良さに、うんざりされるかもしれない。だが、ちょっと待ってもらいたい。坊主が死ぬ話をしなくて、誰がやるのか。

同じ生死という問題を扱っている立場でも、医者が死ぬ話をしたら、その医院は流行らなくなり、ついには閑古鳥が啼くであろう。そうではないか。医者という商売は、絶対に死ぬ人間をつかまえて、なんとか死なぬように手だてを講じる、ないしは患者にそういう幻想を売りものにする商売であり、その商売人が、人間は絶対に死ぬという当り前のことをいったら、その医者は理不尽にも、不誠実という烙印を捺されるであろう。

やはり、死ぬ話は坊主でなければならない。

だいたい坊主は、ほんとに死ぬ話をしているのか、と私は疑問に思っている。何度もいうようだが、死というのは、人間の行なう最大の事業であり、誰もが完成でき得る事業であり、その意味では、これほど人間にあたえられた「平等」というものはなく、人間ひとしく、死ぬために生きてきた。

陳腐な俗諺だが、人の評価は棺の蓋を覆ってきまるというのも、この辺の事情であり、にもかかわらず、棺に納まるという、いつ襲ってくるかわからぬ事態を忘れて、目先のことばっかりあれこれ思いわずらっているところに、人間のあわれさがある。このあわれな人間を救うのが坊主のつとめではないか。それを、妙に遠慮深く構えておられる坊さんが多いようで、歯痒くてならぬのである。

なかには、遠慮深いどころか、死ぬ話を嫌って、出来損ないの修身みたいな話を、とくとくとされるかたがおられるのは寒心に堪えない。こういう坊さんにかぎって、インテリ坊さんを自他ともに認めており、タレント坊さんなどという妙な種族もおり、ぼう大な裾野の拡がりをもつマス・メディアを通して、仏教は死ぬ教えではない、などとほざいてござる。死ぬ教えではなく、生きる教えであるというのである。

冗談ではない。生死一如《しょうじいちにょ》。生きるとは死ぬことであり、死とは生きているもののあかしであるという仏教の大原則をお忘れか。故意に忘れておられるのなら許す。しんから御存知なくて、そんな寝言をいっておられるのなら、誰か出ていって、袈裟を剝いでやれ。坊主の袈裟を剝ぐとは、法論に敗れたものへの古来の作法であり、一たび袈裟を剝がれると、その人物は永久に追放されるのである。

もっとも、その辺の気分は、わからぬでもない。

ちょっとした、小ざかしげな坊さんなら、ぬけぬけと死の話を持ち出すのは、なんとしても気がひけてならないのであろう。それは、いうまでもなく、死者儀礼が坊さんの守備範囲であり、たんに死者儀礼を行うだけでなく、それによって、お布施と称する不当な収入を得ているからである。「不当な」と、あえていう。

一般にいわれている布施とは「財施」であり、お坊さんの誦経や法話という「法施」に対する気持ちのありったけを、金銭などの財物によって、表現するのである。したがって、それはあくまでも「志」であり、「志」に意味があり、そのありがたさをいただかねばならない。

そうであろう。たとえば千円というお布施にしても、金額でいえば千円は千円だが、貧しくてその日の暮らしにも困っているような人からの施物なら、それは全財産を傾けてもらったほどの重味があり、何億という資産家からの施物なら、その人の鼻糞にもおとるであろう。何度も言うようだが、本来「志」とは、そういうものなのである。

ところが、不思議なことに「相場」というものができ、貧富の差もなにも無視して、額で決めるのが普通になり、もっとけしからんのは、一部の都会などでは、葬儀社と坊さんが結託して、これこれの規模の葬儀にはいくらいくらと「定価」を示されるというから、呆れるほかはない。

そういうあくどい、仏をもあざむく商売をしておられる坊さんが、しゃらっとして死者儀礼的な慰めを口にするのは、なんとしても気がとがめてならないというものであろう。

お布施の多寡によって戒名の「格」が変わり、その格によって生まれる極楽の格も違うというような大嘘をついて平然としているのは、これは背徳というより犯罪的であり、せめて犯罪者の汚名を着たくないという良心、ないしは小心さが、多くのものわかりのよい坊さんをして、仏教は死を説くにあらず、生くる道なり、などという寝言を吐かせるのであろう。

一休禅師に有名な話がある。

檀徒から葬儀をたのまれて、出かけていった。喪主が、引導を渡してくれ、と頼んだ。すると禅師は、大きな木槌をもってこいという。できるだけ大きいほうがよい、という。命じられたとおりにすると、禅師は棺の蓋をとって、その木槌で死者の頭をコツンとやったのである。

喪主および遺族は仰天した。死者に対して、なんということをするのかと、血相をかえて禅師につめよった。

禅師はすこしもさわがず、「いま、この死者が殴られて痛いといったか」と問うた。「否」と一同がこたえた。すかさず禅師はいった。

「殴られて痛いともいわなくなった者に、引導を渡して何になるか」

坊主のいう死ぬ話とは、こうでなければならない。生きている間に、引導を渡しておかねばならない。殴られて「痛い」と反応できる間に、生死の問題を解決させねばならないのである。

死に様に学ぶ人の生き方

よく、老人ホームや老人会の集まりから、講演を頼まれる。

老人たちを大いに励ますような話をしてほしい、といってくる。それなら死ぬ話だとこたえると、たいていは顔色をかえる。滅相もない、というのである。なかには、その話ばっかりはご勘弁をと、半泣きになって懇願する人もいる。

このあたり、こんにちの老人問題の欺瞞性がある、と私は思う。いったいに福祉というのはなんとも嫌な言葉だが、その福祉という偽善的振舞いの根源は、すべて、この老人を前にして死ぬ話を忌避しようという姿勢に見られると思う。

そうではないか。老人とは、若者あっての老人であり、若くて元気な人も、老いて身動きにも不自由を感じるようになった人も、ともに住んでいるのが「世界」である。そういう世界のなかで、若い人は若い人らしく生き、老人は老人らしく、その長年にわたる蓄積を若い人たちに頒《わか》ちあいつつ生きてゆく。

ところがどうであろう。いまの老人福祉は、その世界の中から老人だけごぼう抜きにして、一カ所に固めようとする。老人世界を別につくることが福祉だと思っている。これは、現代の姥捨山であろう。それはそれで仕方がない。老人だけが集まりたいという要求をもっているなら、そうしてあげるべきであろう。

それならば、なおさら老人世界にとってもっとも切実な問題と正面きって対応すべきである。老人にとって最重大課題こそ、「死ぬ」という一事であり、この老人たちに殴られて痛いとこたえる間に、引導を渡しておかねばならない。

もちろん、生死の問題は、老人だけの課題ではない。老少不定《ろうしょうふじょう》という。我や先、人や先である。老人の死が今日、明日で、若者の死が半世紀ももっと先だという保証はどこにもない。その逆のことだってあり得るのである。したがって、生きている間に引導を渡さねばならないのは老若の別はないのだが、やはり切実なのは、余生を見つめる老人であろう。迫り来る死というものが、目前に見えている。

そういう老人に対して、死の問題から目かくししようというのは、あやまった善意というものであり、事もあろうに、坊主の私をつかまえて、死の話を差し止めようというのは、思い違いもはなはだしい。

そうではないか。死なんて、すこしも怖がることがないのだ、と確信をもって勇気づけられるのは、坊主しかいないではないか。

右の次第で、私が老人の集まりで死ぬ話をさせてもらおうと思えば、たいへんわずらわしい手続きを踏まねばならない。しかし、私はその煩わしさを決して厭わない。そして私は、胸を張って死の話をする。人間の死に様《ざま》から、説いてゆく。

野口蓮生《れんしょう》というお坊さんがおられた。曹洞宗に属する禅僧だった。九十八歳まで生き、大往生を遂げられた。

この人、とりたてていうほどの業績はない。強いていえば、五十八年間、時間励行をまもってきたというぐらいであろうか。時間励行といっても、坊主の場合、ちょっと、勇気のいる仕事である。たとえば、午後一時に葬儀を始める、という案内がある。ところが、田舎の悪い習慣で、なかなか時間どおりには始まらない。会葬者の集まりが悪かったり、準備が遅れたりで一時間ぐらい遅れるのは、普通になっていた。

そんななかで、時間が来たからというので、さっさと読経を始めるというような真似は、できたものではない。それを蓮生和尚は、やってのけたのである。人が集まるまいが、準備ができていまいが、時間どおりに式典を始める。最初のうちは、檀徒の者も面食らい、あるいは非難するものもいたが、ついには、みんなが時間をまもるようになった。

そういう人だったから、かねがね、自分の死ぬときも時間励行でやると冗談のようにいっておられた。そして、その通りにした。

死の前夜、和尚は死期をさとると、身内や信者を集め、一晩中、話しあっておられた。別に、遺言というような固苦しいものではなかったらしい。ほんの世間話のような話題だったらしい。けれども、あとから考えてみると、その中に、見事な遺訓が生き生きと語られていたと、周辺の人は述懐している。

夜が明けた。和尚は侍者に「水を一杯もって来い」と命じられた。大勢の人が見守っていた。その中で、

「死んでもええかッ」

と問われた。誰も応答するものはない。それはそうだろう。老師、もう死んでください、と実際に口に出していえたものではない。一同沈黙したのを満足げに見渡した和尚は、手にもったコップの水をくくーっ、と一息に飲み干し、飲み干すなり、がくっと来た。大往生であった。

当代きっての禅の高僧といわれた山本玄峰老師も、同じような大往生を遂げられたのは有名な話である。

体の具合が悪くなってから、ずっと臥せっておられたが、亡くなられる日、元気よく床から起きて「ブドウ酒が飲みたい」といわれた。侍者が運んでくると、いかにもおいしそうに飲み干し、「これから自分の墓石銘を書くから、紙と筆をもってこい」といわれ、たっぷり筆に墨をふくませ「玄峰塔」と書いた。そして、書き終えると、

「儂《わし》は死ぬ」

と一言いい、すうっと亡くなられたという。

葬儀は、静岡県知事が委員長になってつとめられたが、三千人の会葬者のうち、僧籍にある者や志のある居士《こじ》は、おりから降りしきる雨の中を、白州の砂利の上で坐禅を組んだという。

もっと、見事な人もいる。

私が伊深の正眼寺で修行をしていた頃、咄禅《とつぜん》という和尚がいた。ちょうど接心《せっしん》中のことであ

る。独参《どくさん》といって、修行僧が師家《しけ》の部屋に一人一人入室《にっしつ》して、自分の禅境をのべて、お師家さんの指導を仰ぐ行事が行なわれていた。直日《じきじつ》といって、曹洞宗では単頭に当たる、いってみれば雲水の頭《かしら》のような役目の人が入室したときだった。師家はいきなり、

「禅堂にいる咄禅は、死んでいるから、おまえは行って片づけなさい」

と命ぜられた。直日は、その役目としていましがた禅堂をのぞいて来たばかりであり、そこで咄禅和尚が独り坐っているのをみとめているので、そのむねを告げると、師家は、とにかく行ってくるようにと言葉を重ねた。仕方なく禅堂へひきかえすと、やっぱり咄禅和尚は、端然と結跏趺座で坐禅をつづけている。念のために、直日は近寄っていった。すると、どうだろう。咄禅和尚は、坐禅をしたまま、息をひきとっていたのである。

いま、咄禅和尚の墓は、正眼寺の下にある。坐ったまま死んだ和尚は、お寺の下で坐りつづけているのである。

いずれも、見事な死に様である。そして、禅ではとりわけ、死に様の見事さを尊ぶ。

しかし、修行を積んだからといって、かならずしも、華やかに死ねるとはかぎらない。私が一度は覚悟したように、ガンに苦しんで、生涯を完結しなければならないことだってあり得るのであり、その条件は、普通一般の在家の人と、すこしも変わらないであろう。

師の頑牛は、物凄い高熱のなかで息をひきとった。昭和十九年、行年五十四歳だった。

そのとき、師は、永平寺へ後堂《ごどう》という役目を仰せつかって詰めていた。雲水を指導する最高責任者である。普段から、強靭な肉体と精神の持ち主であった。だから、その師が倒れたという報らせを受けたとき、まさか、と思ったものである。しかし、とりあえず駈けつけてみると、師の再起は覚束ないことをたしかめねばならなかった。医師にかかってはいたが、薬のない時代である。おそらく、急性肺炎かなにかだったのであろう。いまなら、抗生物質で、一発で叩ける病いである。

「あと、三週間」

と師は、苦しい息の下からいった。あと三週間で、生命を全うするであろうというのである。その通りになった。

「祖師と、同じ歳だ」

ともいった。道元禅師と同じ五十四歳で生命を閉じるのも、浅からざる因縁と思ったのであろう。そして、私は、そのあとの言葉を、忘れない。

「こんど生まれ変わってくるときは、もっと早くから禅の道に入るぞ。もっともっと修行して、もっと多くの人を導かねばならぬ」

これが最後になった。仏教のお説教では、大往生といえば、結構きわまりない極楽浄土へ往生して、蓮の葉っぱの上にちょこなんと坐っている、やや滑稽な、童話的な姿を想像するように説いてきた。しかし、師は、そんな暢気な「来世」をのぞんだのではなかったのである。死んでもすぐ、生まれ変わって、人々を救済しなければならなかったのである。

いったい、人は死んでどこへ行くのであろうか。墓場の下に行くのは、あれは遺骨である。亡びた肉体の一部を炭化させたものである。「いのち」も、そこへ行くのであろうか。考えても見られるがいい。あんなせまい、じめじめしたところで息をひそめているのは、なんともたえられたことではない。その上、生き残った人に、草葉の陰で……などと、哀れみをかけられるのは、みじめである。

まえにも触れた。仏教でいう「いのち」とは「業《ごう》」である。業《ごう》というはたらきは永遠につづいてゆくのである。肉体は亡びても、業のはたらきは、はたらきをやめない。無始無終である。いま、われわれが生きているのも、突如として生きてきたのではなく、それだけの業のはたらきであり、これから先も業は、はたらきつづけてゆく。人の一生というのは、この無始無終のはたらきの一期間にしかすぎない。

善業は、善果をまねき、悪業は悪果をまねく。これは「道理」である。だから、いくら身辺をさがしても、身辺に善業が積み得ない罪悪深重の凡夫は、仏にすがり、仏の功徳をまわしてもらうよりほかはないというのが、浄土真宗なんかの他力宗のおしえであり、その他力宗においてすら、仏の功徳によって、極楽の蓮の葉っぱの上に永遠に坐っておれるというような悠長なことをいっていない。還相回向《げんそうえこう》という。再びこの世に還ってきて、業のはたらきをつづけねばならないのである。

人は、命は終わっても、「仕事」は終わらないのである。この道理を、しっかり身につけることを「大安心《だいあんじん》」という。

死を怖がっている老人は、大いにこの「大安心」をあたえねばならない。

人間それぞれ宝を持てる

いま、巷ではぽっくり信仰などという、とんでもないまやかしが流行っているそうだ。なんでも、普段に身に着ける肌着を仏様に供えて、何回か祈願してもらうと、ぽっくりと死ねるというのである。家人や若い者に嫌がられることもなく、大病を患って長の床に着くこともなく、安楽に死ねるというのである。それで、看板を掲げたお寺は、いつもお年寄りで押すな押すなだという。

困ったことである。かかる迷信邪教が「仏教」でもなんでもないことは、右の道理をわきまえていただければ、おわかりかと思う。

そうではないか。仏教の課題は、死んでどうなる、ということであり、死んでのち自分の「いのち」をいかに荘厳するかにあり、そのためには、死ぬまでどう生きるかが問われてくる。苦しまず楽に死ねるぞ、などという虫のいいささやきは、まともな仏教者なら、断じて口について出てくるはずはないのである。

繰り返すが、人は死んでも、業というはたらきは永遠に残る。苦しんで死ぬのも、ぽっくり死ぬのも、そのための通過手続きであり、この手続きだけは、誰にもわからない。

わかっているのは、生きている間に、再び生まれ変わってきたとき何を為すか、という課題をしっかり固めておかねばならない、ということであろう。

その覚悟ができ、業と因果の道理をわきまえることができたら、これまで生きてきた短い人生の、この上もない尊さがわかってくるであろう。表面にあらわれた業績だけでなく、生涯をかけて積み重ねてきたものの重さがわかるであろう。

自分の来《こ》し方《かた》に満足をしきった老人ほど美しい姿はない。

美しい老人といえば、私はいつも、立山の佐伯平蔵という爺さんを思い出す。

私の富山時代にすでに爺さんだったから、碌に教育を受ける機会もなかったのであろう。事実、字が読めない、と本人がいっていた。字は読めなくとも、立山という日本一機嫌の悪い山のことを、隅から隅まで知っていた。山一筋に生き、山の案内人としては、土地では名の通った老人で、宮さまが来られようが、どんな偉い人が来られても、案内は、平蔵爺さんでなければならなかった。

あるとき、平蔵爺さんは、富山県庁の衛生課長を山へ案内した。登ってゆくうちに課長は、息もたえだえになったが、爺さんは、平気だった。中腹の水場へ着いた。爺さんは、課長にこの水を飲んでおくようにといった。課長が見ると、底のほうにボウフラがわいている。衛生課長である。こんな水など、飲めたものではない、と言下に拒否した。それでも、水筒に詰めておくようにといって、無理にそのようにさせた。課長は、頂上にたどり着くまでに、その水を飲み干してしまったそうである。机の上で仕事をしている人と、実際に体験している人の違いである。

三十年ほど前になるが、その平蔵爺さんに、大阪へ講演に来てくれるようにという依頼があった。

爺さんは、講演など、とんでもないとことわったが、依頼者は、ただ立山の平蔵である、とさえいってくれればよいというので、出かけていった。このとき、大阪市の公会堂には、二千人ちかい聴衆が集まったという。

おそらく、聴衆は感銘したであろう。もちろん、平蔵爺さんが流暢な講演など、できるはずはない。しかも、立山のことしか知らない男である。

しかし、山のことしか知らないというのは、その人しか知らないという事柄であり、誰よりも、山を知っているのである。知識で知っているのではなく、何千遍となく、登り下りした足で知っているのである。

平蔵爺さんの、平蔵爺さんしか施すことのできない面目である。

世の老人たちも、みんな平蔵爺さんと同じだと思う。半世紀以上も生きてきて、その人にしか施せない面目があるはずである。それを大切にしてもらいたい。その宝物を、大いに若い人たちにつたえてほしい。

*

次の一文は、私が数年前に年賀状に書いた言葉である。

人生は六十から。
七十代でお迎えのあるときは、留守といえ。
八十代でお迎えのあるときは、まだ早すぎるといえ。
九十代でお迎えのあるときは、そう急がずともよいといえ。
百歳にてお迎えのあるときは、時期をみましてこちらからぼつぼつ参じますといえ。

――完――

解題―復刊に寄す

執行 草舟

「人はパンのみによって生くるにあらず」、そうキリストが言ったと伝え聞く。私が最も仰ぎ見る思想の一つが、この言葉なのだ。なぜ、そう思うのか。それは、魂の糧を食らい続けることだけが、人間を本来の人間にするのだと述べているものだからだ。人は魂の鍛練によってのみ、人として生き切ることが出来る。そして魂の鍛練は、過去の偉大な魂を食らうことによって養われるのだ。そのためにのみ、読書がある。読書とは、そのことだけを言う。

私は死ぬほどに、その読書をして来た。それが、私の唯一の誇りである。他に誇るものは何も無い。こと読書に関しては、古今東西の名作で、読んでいないものは無い。そう言い切れるほど読んだ。私は人生で四度、死を宣告されたことがある。その日も、私は読んでいた。それらの書物は、すべて人間本来の、本当の「希望」を語る本であった。すべて覚えている。忘れることなど出来ようものか。私は読書そのものに、命を懸けているのだ。

その一冊が、本書である。この本は、私の命の「恩人」なのだ。いや、それだけではない。私が事業を起こすときの、その創業の決意を促《うなが》してくれたのも本書なのだ。本書によって助けられた私の命に関しては、もう四十年前となり、事業の創業は三十五年ほど前になる。私は本書を、四十年間に亘り書斎の正面に並べ、ずっと読み続けて来た。毎日、眺め、声をかけ、触り、そして読んで来た。私の人生哲学の重大ないくつかは、本書からもたらされて来たのだ。私は、本書をまさに食らい続けて生きて来た。そして、その幸運をいま振り返っている。

本書は、それほどの本であった。しかし、長らく絶版となっていたのだ。私は残念でならなかった。古本もすでに尽きてしまっている。その私の無念を、晴らしてくれたのが今回のこの復刊である。何と言う喜びだろう。声に出すことも出来ない。復刊の運びを聞かされたとき、私はすぐに思ったことがある。それは、これでまた多くの人たちが立ち上がることが出来る。心の底から、私はそう思った。そして、その舞台を作ってくれた「読書のすすめ」店長の清水克衛氏と復刊を断行した「ごま書房新社」に対して黙礼を捧げたのである。

本書は、そのような数少ない名著の中の名著の復刊なのだ。手に取る読者の方々は、ここから新しい人生が生まれると思ってくれていい。本書にはそれだけの力があるのだ。著者の関大徹老師は、禅の最高境地を生き切った本物の大人物である。禅僧というだけではない。人間として、最高の人間なのだ。私が知る最高の魂をすべて具現している。厳しく悲しい人である。温かく面白い人である。そして、何よりも可愛らしい人だ。私はそう思う。

だからこの本は、死ぬ気で読んでほしいのだ。すべてを信じて読んでほしいのだ。つまり、本書自体を食らうのである。自分の肉体に、この本を打ち込んでほしい。自分の精神に、この本を食わせてほしいということに尽きる。そうすれば、読む者の中に生《せい》の飛躍が起きるに違いない。ひとつの革命が、読む者の人生に訪れて来るだろう。それが読む者の運命を創り上げていく。本書を自己の座右に置けば、必ず運命の回転が訪れて来る。

私は、そう断言できるだけこの本を読み込んで来た。つまり、私自身が本書によって、自己の運命を切り拓いて来たのである。先ほども少し触れたが、それは私自身の人生の大転換に係わることだけでも三度あった。日常的なことを拾えば、一週間に一度は必ずあった。四十年で二千回に及んでいる。それだけ私の運命は、この本に負っているのだ。何かを決めるとき、最後には必ずこの本の言葉が背中を押してくれたのだ。

禅と武士道を愛する私は、その方面の本だけで優に三千冊は読んでいる。その中心は当然その多くが古典である。しかし、最後の最後で、いつでも本当の力を与えてくれた本は本書なのだ。関大徹の声である。その一喝によってすべてを決めることが出来た。そして、何よりもすべてに耐えることが出来たのだ。関大徹の言葉には、禅を通り越した「何ものか」が貫かれている。それが何なのか。もちろん、私にも分からない。しかし、それが人間の心の、最も奥深いところから生まれて来るものだということだけは分かる。

二十代の一時期、私は原因不明の難病で医者に死の覚悟を促されたことがあった。それは過去の大病の後遺症であり、治療法の無いものであった。悪化の一途を辿る症状をかかえながら、生活のために働き続けることによって疲労と不安は極限に達していた。間断なく襲い来る激痛に、死を願うことも度々あった。そのようなときに、私は本書と邂逅したのだ。それは生命と生命の出会いであったと今でも思っている。

この大宇宙で、このような奇跡が本当にあるのだと思った。『食えなんだら食うな』が、私の眼前に現われたのだ。私は読んだ。藁《わら》にもすがる気持で、本書を貪り読んだ。関大徹の言葉は、私の生命を震憾させるものであった。「食えなければ食わねば宜《よろ》しい」と老師は私に話しかけてくれた。おゝそうか、本当の人間の生命とはそういうものなのか。そうかそうか、そうだったのか。私は、この老師の思想によって、何か病を突き抜けた生命の輝きに触れたように思ったのだ。

そして、「病など死ねば治る」という老師の言葉に出会ったのである。私は脳髄を引きずり出されるほどの衝撃を受けた。私は『葉隠』の武士道を愛して生きて来たつもりであった。いつでも、死ぬ気で生きているつもりであった。それが、何たることか。病などで弱気になっている自己を発見していたのだ。「死ねば治る」。そこに無限の生命的な愛を私は感じた。「よし！死ぬまで生きれば良いのだ」、私はそう思った。そして、その日から病は嘘のように快方に向かったのだ。この奇跡は、私の人生を決するほどの神秘体験となった。

この体験以来、四十年以上に亘って本書は私の座右の書なのだ。私は関大徹老師の言葉によって、どんどんと波を打って、人生における革命の飛躍へと突入して行くことが出来たと思っている。老師の人格であろうか。とにかく、関大徹の言葉は単刀直入にはらわたに沁み渡って来るのだ。その不思議が、この老師のもつ最大の神秘なのかもしれない。多分、この老師は、人間を超越した「本当の人間」なのではないか。私は毎日、そう思って本書と対面しているのだ。

若くして私は妻を失ったが、そのときも毎日この本によって生きていたのだ。私は三十歳で結婚し、三十三歳で妻を亡くした。子を産した後、三か月後に妻は二十七歳で死んだ。癌の闘病の末、妻と私の二人は敗北したのだ。二年二ヶ月の結婚生活であった。妻は死ぬ気で病と闘った。妻は子供の生命のために、自己の生命を顧ることはなかった。私の妻はそういう人であった。短い結婚生活であったが、これ以上の幸福を私は持ったことがない。亡き妻への愛は、死後三十六年経った今も全く変わることはない。

この闘病も、本書によって乗り越えられたのである。妻も私も、苦悩の日々を本書の言葉によって癒され続けた。妻が死んだ日、私は本書にある「生きるとは死ぬことである」という老師の言葉の本意を摑んだように思った。葬儀の日、棺の中に新婚旅行で買った思い出の那智黒の毘沙門天の像と、一冊の『食えなんだら食うな』を入れた。私はこの結婚生活で、本当の愛というものを知ったように思う。愛がすべての根源だということを思い知ったと感じている。すべてが、妻の深い愛情のおかげであった。しかし、この不肖の私が妻の愛を受け取ることが出来たのは、やはり本書の力に与《あずか》ることが大であったのだ。

妻の死とともに、私は自己の思想が本当に固ったように思っている。死とともに、私は事業の独立を決意したのである。もちろん、自己の命などはすべて投げ捨てるつもりであった。「食えなければ食わねば宜しい」という大徹老師の言葉と妻の命がけの愛が、私に命がけの「立志」をさせてくれたのだ。もちろん、立志の座右にはこの『食えなんだら食うな』が固着していた。三十三歳で妻を失い、貯金のすべてを闘病で失い、体重は十四キロ減り、まだ歩けぬ赤ん坊を抱いての独立であった。まさに、「食えなんだら食うな」というその思想だけが私の拠り所であった。

だから私は、本当に本書の支えによって人生最大の決断を、人生で最貧の時期に行なったのだ。毎日のように、老師の言葉を噛み締めていた。その天来の声は、人間に測り知れない力をもたらすことが出来るのだ。私はこの老師の声だけでいつでも奮い起つことが出来た。何も無い出発だった。すべてを失って、持てるものは亡き妻の愛の力とまだ歩けぬわが子の笑顔だけであった。それらの力を、私は大徹老師の言葉の中に溶融し、それを一つの思想に育てながら暗闇の中を突き進んで行った。

「生きるとは死ぬことである」。大徹老師が、関大徹が、そう言ってくれなければ絶対に進むことの出来ない状態であった。私にとって本書は、それほどの本であったのだ。一冊の本が持つ力には測り知れないものがある。私にとって、その一冊がこの『食えなんだら食うな』なのである。私の命の「恩人」なのだ。その本がいまここに復刊されたのである。何と言ったらいいのか。言葉は、いま書いてきたように取り止めも無いものと成ってしまうのだ。これは仕方がない。この一冊は、私にとってそれほどのものであったのだ。

最後に私が言いたいことは、この一冊は本物であり、人間の一生を創り上げるだけの力がある本だということである。本当にひとりの人間の人生を築くだけの力が、本書にはあるのだ。私も人間の中の一人に過ぎない。これから本書を手に取る人たちも人間の一人に過ぎないのだ。そして、同じ人間なら、私に起こったことは必ず読者にも起こるだろう。本書を、そのように見て、そのように扱ってくれれば、本書は必ず読者の人生に飛躍をもたらしてくれるに違いない。私は、固くそう信じている。

平成三十一年四月吉日

著者略歴

関 大徹（せき だいてつ）

明治36年6月15日　福井県丹生郡織田町にて出生
大正4年8月10日　福井県大野市禅師峰寺　関 頑牛に就て得度
大正14年3月　愛知県曹洞宗第3中学校卒
大正14年～昭和4年　福井県小浜市発心寺　師家原田祖岳老師に参禅
昭和3年～昭和18年　富山県富山市光厳寺　青年会（剣道）、処女会、幼年講観音会主任
昭和5年～昭和18年　光厳寺専門僧堂、副寺、侍者、単頭として実参、実究。
飯田老師臨済の正眼僧堂 小南老師の門に入り参禅弁道
昭和11年　富山県富山市宝洞寺　首先住職
昭和12年　富山県立山町竜光寺　住職
昭和21年　富山県立山市竜光寺　美徳会（女子青年）、池の坊生花、裏千家、琴、あんま、料理、珠算会、婦人会、老人会の会長、人権ようご委員、保護司10年間
昭和24年　緋恩衣被着　特許せらる
昭和25年　青少年愛育事業功労者として北日本新社より10傑表彰
昭和27年　曹洞宗管長表彰「教化伝導功労者」
昭和30年　富山県知事より「社会福祉事業功労者」表彰
昭和32年6月　第1回 吉峰寺 地蔵流し会発足
昭和40年　曹洞宗管長表彰「寺門興隆、教化伝導功労者」
昭和44年　高志社会福祉協議会「たすけあい運動功労者」表彰
昭和44年　保育事業功績者表彰　上志比村長
昭和45年　社会教育功労者表彰　高志社会教育協議会等の数々の表彰を受く
昭和45年　曹洞宗権大教師に補任　黄恩衣被着
昭和50年5月20日　大教師補任　紫恩衣被着　上志比社会教育委員、公民館運営委員

食えなんだら食うな

2019年6月3日　初版第1刷発行
2019年9月8日　　第10刷発行

著　者　関 大徹
企画・制作協力　執行 草舟　清水 克衛
発行者　池田 雅行
発行所　株式会社 ごま書房新社
〒101-0031
東京都千代田区東神田1-5-5
マルキビル7F
TEL 03-3865-8641（代）
FAX 03-3865-8643
カバーデザイン　（株）オセロ 大谷 治之
印刷・製本　精文堂印刷株式会社

ISBN978-4-341-17236-7 C1010

●本書は『食えなんだら食うな』（昭和53年4月・山手書房刊）を復刻版として出版したものです。